U0516987

海南师范大学学术著作出版项目资助

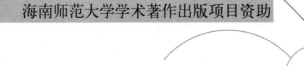

CHANPIN SHANGHAI
WEIJIZHONG
LIANGHAO QIYE SHENGYU DE
ZUOYONG YANJIU

产品伤害危机中
良好企业声誉的作用研究

吴娅雄 / 著

中国财经出版传媒集团

经济科学出版社
Economic Science Press

图书在版编目（CIP）数据

产品伤害危机中良好企业声誉的作用研究/吴娅雄著.
—北京：经济科学出版社，2017. 11
ISBN 978 - 7 - 5141 - 8751 - 9

Ⅰ. ①产…　Ⅱ. ①吴…　Ⅲ. ①企业形象 - 研究
Ⅳ. ①F272 - 05

中国版本图书馆 CIP 数据核字（2017）第 295910 号

责任编辑：李　雪
责任校对：王苗苗
责任印制：邱　天

产品伤害危机中良好企业声誉的作用研究

吴娅雄　著

经济科学出版社出版、发行　新华书店经销
社址：北京市海淀区阜成路甲 28 号　邮编：100142
总编部电话：010 - 88191217　发行部电话：010 - 88191522
网址：www. esp. com. cn
电子邮件：esp@ esp. com. cn
天猫网店：经济科学出版社旗舰店
网址：http://jjkxcbs. tmall. com
北京财经印刷厂印装
710 × 1000　16 开　15. 75 印张　225000 字
2017 年 12 月第 1 版　2017 年 12 月第 1 次印刷
ISBN 978 - 7 - 5141 - 8751 - 9　定价：56. 00 元
（图书出现印装问题，本社负责调换。电话：010 - 88191510）
（版权所有　侵权必究　举报电话：010 - 88191586
电子邮箱：dbts@ esp. com. cn）

前　言

　　近年来，产品伤害危机呈现多发性特征。现实经济生活中，越是知名品牌或者拥有良好声誉的企业越容易陷入危机。但是，现实案例分析中，企业面临相似的产品伤害危机时，却导致不同的市场反应。有的产品依然赢得众多消费者的偏好，而有的产品市场遭受重创甚至销声匿迹。我们不禁会问：声誉之间的差别是否是导致产品不同市场结果的原因？面临产品伤害危机时，良好的企业声誉到底发挥了怎样的作用？是保护了企业免受伤害，还是加大了对企业的惩罚？原有良好的企业声誉是否影响了企业应对策略的选择和修复效应？而在危机管理中，更多的研究是将声誉作为危机影响的结果变量，探讨危机对声誉带来的负面影响。对原有企业声誉在危机中的影响分析相对有限，并且不同学者的观点存在矛盾和分歧。本次研究的目的就是希望明确原有良好企业声誉在产品伤害危机中发挥了怎样的作用。

　　通过对已有文献研究，我们发现导致研究结论存在矛盾的原因在于忽视了产品伤害危机情景的差异。基于劳弗（Laufer）的研究，并结合对2004～2013年现实案例的整理与分析，本书将产品伤害危机情景划分为模糊不清的产品伤害危机和企业过错行为清晰的产品伤害危机；并进一步细分为产品安全性模糊不清的危机、产品不安全但原因模糊不清的危机、核心能力失败导致的危机、非核心能力失败导致的危机和道德不良导致的危机。结合危机爆发后，影响消费者态度转变的两个阶段，本次研究包括两个部分，分别分析了在危机情景认知阶段，不同危机情景中，良好企业声誉的作用表现与作用机制；在危机初始应对阶段，不同危机情景中，企业声誉对危机应对策略选择和修复效力的影响。本次研究以在校大学生为样本，采用情景实验法，通过设计不同的危机情景，运用方差分析等统计方法对提出的理论假设进行检验。

危机情景认知阶段，为了更清晰的认知原有良好企业声誉的作用，本书将原有良好企业声誉的作用划分为三类，即账户功能、保护作用和破坏作用；前两种可视为原有良好声誉的积极作用，后者为消极作用。基于反说服机制模型、归因理论和期望不一致理论，作用机制的中介变量为结论可靠性、责任归因、意图性归因、稳定性归因和期望不一致；并且在不同危机情景中，原有良好企业声誉的作用机制和作用表现存在差异。最终研究结论如下：

（1）无论是在模糊不清的危机情景中，还是在责任清晰的危机情景中，危机的发生都会给企业产生负面影响，危机后消费者态度显著下降。在模糊不清的危机情景、非核心能力失败和核心能力失败导致的危机中，原有良好企业声誉均发挥了积极的账户功能，危机后良好声誉企业的消费者态度显著高于一般声誉企业；在道德不良导致的危机中，账户作用消失，良好声誉与一般声誉企业危机后的消费者态度无差异；在模糊不清的危机中，原因分析的模糊性强化了原有企业良好声誉的积极作用。

（2）不同的危机情景中，原有良好声誉的作用机制存在差异。危机情景中，原因分析模糊不清的程度越高，原有良好企业声誉越能发挥保护作用。在产品安全性模糊不清的危机中，原有良好声誉通过对结论可靠性、责任归因和稳定性归因影响，发挥保护作用，危机后消费者态度改变小于一般声誉企业；在产品不安全但原因模糊不清的危机中，当给出多种原因分析提高原因分析的模糊性时，原有良好声誉通过责任归因和稳定性归因发挥保护作用；当未给出多种原因分析，稳定性归因和期望不一致，同时发挥影响，最终表现为破坏作用。企业过错行为清晰的危机中，当危机来源于核心能力失败和道德不良时，原有良好企业声誉通过提升期望不一致感知发挥破坏作用；在非核心能力失败情景中，原有良好企业声誉分别通过稳定性归因和期望不一致产生影响，但最终表现为破坏作用。

　　危机初始应对阶段，我们提出模糊不清的产品伤害危机情景中，企业可以采取不存在和关怀策略，并且原有良好企业声誉调节了应对策略的选择；在企业过错清晰的产品伤害危机中，企业过错属性的类型调节了原有良好企业声誉对修复策略积极效力的影响。在产品安全性模糊不清的危机中，当原有企业声誉良好时，不存在策略和关怀策略均能发挥积极的修复作用，并且修复效力依次为关怀策略和不存在策略；当原有企业声誉一般时，仅能选择关怀策略。不存在策略，不但没有提升消费者态度，反而增加了不恰当应对策略对企业造成的二次损害。在产品不安全但原因模糊不清的危机中，无论企业声誉如何，企业只有采取关怀策略才能发挥积极的修复作用；不存在策略发挥了加剧破坏的作用。在企业过错行为清晰的危机中，企业恰当的应对策略为修复策略，企业过错属性的类型调节了原有良好企业声誉对应对策略修复效力的影响。仅在能力失败的危机中，原有良好企业声誉增强了修复策略的积极效果；而在道德不良的危机中，原有良好企业声誉没有对危机后的修复产生正向影响。

　　本次研究丰富和发展了以往对企业声誉在危机情景中作用的认识和了解。在企业重视声誉建设和产品伤害危机多发的现实背景下，企业面对不同的危机情景和在危机演化的不同阶段，注重发挥良好声誉积极作用的同时，应重视和规避原有声誉的消极影响，为企业产品伤害危机管理提供了有益参考。

目　　录

第 1 章

绪　　论

　　本书主要关注在不同的产品伤害危机情景中，原有良好企业声誉在危机情景初步认知阶段和初始应对阶段所发挥的作用。本章首先对所研究问题的现实背景和理论背景进行了阐述；其次，指出了本次研究的研究意义和研究内容；再次，阐明了所采取的研究方法和技术路线；最后，总结和提炼了研究创新点。

1.1　研究背景与问题提出

　　近年来，随着法规更严格、产品更复杂、顾客更挑剔、媒体更敏感，我国产品伤害危机呈现多发性特征。2013 年上半年，加拿大卫生部共发布 114 项产品召回通报，与 2012 年持平。其中对中国产品的召回通报最多，共 69 项，占同期加拿大卫生部召回总数的 60.5%[①]。同期，美国消费品安全委员会（CPSC）共发布 151 项产品召回通报，中国产品被召回的通报最多，占该时期召回总数的 62.9%[②]。这些数据在某种程度上，说明我国企业目前对产品伤害危机尚缺乏足够重视。同时，随着我国消费者

[①]　数据来源：张辉. 2013 年上半年加拿大卫生部对华产品召回通报综述 [EB/OL]. (2013 - 08 - 12) [2013 - 12 - 01]. http：//news. ctoy. com. cn/show - 18285. html.

[②]　数据来源：张辉. 2013 年上半年美国 CPSC 对华产品召回通报综述 [EB/OL]. (2013 - 08 - 12) [2013 - 12 - 01]. http：//news. ctoy. com. cn/show - 18284. html.

权益保护法的实施，消费者自我保护意识不断加强。许多产品伤害危机的爆发始于消费者对企业的法律诉讼。现实经济生活中，知名品牌或者拥有良好声誉的企业更容易陷入危机之中，因为危机事件本身的不可预料性和突发性，与良好的品牌形象形成强烈鲜明的反差，具有较高新闻效应，更容易受到媒体关注和广泛报道（Rhee & Haunschild，2006）。

产品伤害危机给企业造成了严重的负面影响：媒体广泛的报道和受害方负面口碑的传播，影响消费者和其他利益相关者对企业、品牌态度的评价和未来行为选择，导致品牌资产、市场销售份额、企业股票价格下降；产品召回、给予受害者补偿、企业承担法律后果等，导致企业付出高昂的经济成本；而产品危机的负面溢出效应，影响整个企业、甚至行业的健康发展。因此，积极应对产品伤害危机，关系到企业未来的健康发展，甚至生死存亡。

但是，在现实的案例分析中，当企业面临相似的产品伤害危机时，却导致不同的市场反应。卡罗尔（Carrol，2009）分析吉百利公司巧克力沙门氏菌导致百名儿童感染住院的事件，发现该企业应对危机时违背了危机管理中开放、诚实和反应灵敏的原则，但非常有趣的现象是当产品再次上架后，市场销售很快就恢复到危机前的水平。作者认为关键原因在于，吉百利是英国历史最悠久的巧克力品牌，也是英国最大的巧克力生产商。良好的品牌声誉帮助企业抵御了产品伤害危机的威胁。通过对新浪网财经专题①中产品伤害危机事件进行研究发现，经历危机之后，有的产品在市场中依然赢得了众多消费者的偏好（如三星、肯德基、芬达），而有的产品

---

① 注：该网络专栏主要关注经济生活中的焦点问题，因此基本涵盖了当年发生的备受关注的产品伤害危机事件。包括2013年汇源"瞎果"果汁事件、2012年酒鬼酒塑化剂事件、2011年双汇瘦肉精事件、2010年日本丰田汽车召回事件、2010年波音737系列客机机翼升降舵控制装置存在安全隐患、2009年三星冰箱因冷媒管道积霜过多导致爆炸召回事件、2008年三鹿添加三聚氰胺导致宝宝结石事件、2008年三洋诺亚舟产品中含有致癌物事件、2007年纯正堂维C银翘片添加违规添加剂事件、2007年SK2被查出违禁成分铬和钕事件、2006年芬达和美年达可能致癌事件、2005年肯德基苏丹红致癌事件、2004年巨能钙双氧水风波；等等。

市场受到重创（如双汇、丰田、SK2），甚至销声匿迹（如三鹿、巨能钙）。瑞伊和豪恩席尔德（Rhee & Haunschild，2006）通过对美国汽车市场 1975～1999 年产品召回的真实市场数据分析发现，产品召回的发生导致良好声誉的企业在市场绩效表现中受到了更高的惩罚。

通过上述信息，我们不禁疑问：声誉之间的差别是否是导致产品不同市场结果的原因？面临产品伤害危机时，良好的声誉到底发挥了怎样的作用？是保护了企业免受伤害，还是加大了对企业的惩罚？原有良好的企业声誉是否影响了企业应对策略的选择和修复效力？

1.2 研 究 意 义

在过去的研究中，声誉被视为组织宝贵的无形资产。不同领域（如经济学、社会学和管理学）研究发现，良好的声誉能够带来大量利益：声誉资产能够吸引消费者，降低产品成本，定位较高的价格，提升市场销售份额和市场地位；吸引投资，提高财务绩效；增加新产品的存活率；吸引优秀的人才，提高资产收益率；提高市场进入的门槛，减少竞争的对手；建立竞争优势和获得积极的口碑与评论等。同时，积极的声誉不仅能够帮助企业顺利执行现有的计划，并且还能帮助企业在未来实现目标，被描述为"光环效应""晕轮效应"或"声誉惯性"（Herbig & Milewicz，1995）。声誉研究的领域中，对其是否发挥消极作用却知之甚少。

在危机管理研究领域，更多的研究是将声誉作为危机影响的结果变量，探讨危机产生对声誉带来的负面影响。对原有企业声誉在危机中的影响研究非常有限，并且不同学者的结论还存在矛盾和分歧。众多学者普遍认为，良好的企业声誉能够缓解危机带来的伤害，并且加速危机后的修复过程（Siomkos & Malliaris，1992；Siomkos & Kurzbard，1994；Laczniak et al.，2001；Ahluwalia，2002；Fombrun & Van Riel，2004；Keller，1993；

Pullig et al.，2006；Rhee & Haunschild，2006；Rhee，2009；Lafer et al.，2009）；但是，库姆斯和霍拉迪（Coombs & Holladay，2001；2006）的研究发现，原有良好声誉并没有给企业带来额外利益，而我国学者王晓玉（2011）研究发现原有较高的品牌资产在产品伤害危机中，发挥了消极破坏作用。本书思考到底原有良好企业声誉在产品伤害危机中发挥了怎样的作用，又是什么原因导致已有文献的研究结论存在差异。这些问题的解决成为本次研究的最初动机。

　　本次研究试图丰富和发展以往对原有企业声誉危机情景中影响作用的认识和了解；并分析和解释现有文献中，研究结论存在矛盾和差异的原因；并且探索在不同危机情景中，原有声誉发挥的作用。在企业重视声誉建设和产品伤害危机多发的现实背景下，为不同声誉的企业提供应对策略的参考建议，更有效地降低危机给企业造成的危害；面对危机充分发挥原有良好声誉的积极作用，同时重视和规避原有声誉的消极影响。

1.3　研究内容

　　结合危机爆发后，影响消费者态度转变的两个重要阶段分为：危机情景认知阶段和危机初始应对阶段。本次研究内容包括两个部分，即危机情景认知阶段，不同危机情景中，原有良好企业声誉的作用表现和作用机制；危机初始应对阶段，不同危机情景中，原有良好企业声誉对危机应对策略选择和修复效应的影响分析。撰写与论证设计思路：首先是问题提出，根据现实危机中问题的观察和相关文献的研究思考，形成了研究动机；其次是文献评述，在搜索和整理大量国内外相关文献的基础上，整理和汇总原有相关领域的研究现状和研究机会，确立研究方向；然后是提出假设，根据已有经典理论和以往文献的研究基础，提出研究假设和研究设计方案；再次是实验研究，通过收集数据对假设进行验证；最后是对实验结果的分析和讨论，根据实证结果分析研究不足和局限，提出具有参考价值的管理建议，并提供未来研究的方向。具体内容安排如表 1 - 1 所示。

表 1 - 1　　　　　　　　　　　　　　研究内容

目录结构	研究目的和研究内容
第 1 章　绪论	本研究所要解决的问题 原有良好企业声誉在产品伤害危机中发挥的作用
第 2 章　文献评述	解决上述问题需要做的前期理论工作 产品伤害危机、企业声誉、归因理论、产品伤害危机中消费者归因研究、产品伤害危机应对策略研究的相关文献述评
第 3 章　立论前提与研究设计	界定了本次研究边界和研究内容，分别从危机情景认知阶段和危机应对阶段，提出研究框架，及实验设计思路
第 4 章　危机认知阶段良好企业声誉的作用表现与作用机制	分析和验证良好企业声誉在危机认知阶段的作用表现和作用机制 提出有待验证的研究假设和情景实验设计。在不同危机情景实验实施的基础上，描述实验过程，并对数据进行分析与讨论
第 5 章　危机初始应对阶段良好企业声誉与企业应对策略	分析和验证良好企业声誉对危机爆发初期，企业初始应对策略选择和危机修复效力的影响。 提出有待验证的研究假设和情景实验设计。在不同的危机情景实验实施的基础上，描述实验过程，并对数据进行分析与讨论
结论	研究结论与讨论、管理启示、研究局限和未来研究方向 对研究结论进行了分析和讨论，并提出研究局限和研究方向

1.4　研究方法

1. 文献研究法

本书提出的研究模型和假设命题基于大量的文献收集、整理和分析。文献资料来源数据库包括外文文献数据库（EBSCO、Proquest、Sciencedirect）和中文文献数据库（中国知网 CNKI 和维普数据库系统等）。主要关注的理论与文献包括：归因理论在危机管理中应用的相关文献、原有声誉对危机管理产生影响的相关文献、原有声誉及相关变量在危机中作用影响研究的文献、危机应对策略的相关文献。另外，还包括与本研究相关的经济学、管理学和社会学等领域的经典理论，如印象管理理论、归因理论、归因偏向理论以及态度、态度强度与态度改变理论；期望一致性理论、反说服机制模型等。本书提出的研究假设均基于深入阅读和分析参考文献与相关资料的基础之上。实验设计方法和变量测量参考前人的实验，再结合本次研究的内容特点进行修正。

2. 实验研究

考虑到研究问题的性质，本书采取情景模拟的实验方法。管理学研究中，实验研究是寻求因果关系的最好的方法，可以通过对其他条件的控制，使得自变量发挥的作用独立出来，从而判断自变量与因变量之间的因果关系。此次实验材料中的企业和品牌采用虚拟企业和虚拟品牌，危机情景是结合真实危机进行模拟设计。被试在参与实验结束后，实验人员均会告知企业和危机皆为虚构，消除被试不必要的品牌联想和负面影响。

（1）采用因子式被试间实验设计。因子式实验设计包含多个因子和因子的多种水平，因而能够在很大程度上体现各种因素之间的复杂关系，是管理研究中重要的实验手段。此类实验设计是让不同被试分别进入各自的因子条件，避免先前的实验操作对被试的判断造成影响。

（2）上述自变量通过实验操控，由此形成多种不同的实验情景。实验对象通过阅读特定情景的描述文字，完成相应的态度测量。变量的测量均采用现有文献中一致性程度高的成熟量表。

（3）抽样设计包括四项工作：定义目标总体、界定抽样框架、选择抽样技术、确定样本数量。被试选取为了寻求方便选择学生群体。每组样本的数量：根据麦卡勒姆（Maccallum et al.，1996）推荐，方差分析中每个分析单元的样本量不应少于25。

（4）假设检验方法：方差分析和层级回归分析。

1.5 技术路线

本书的基本技术路线，如图 1-1 所示。

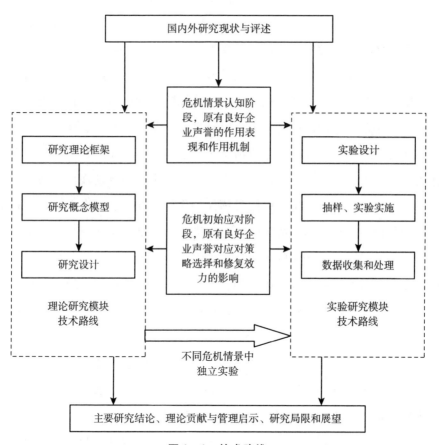

图 1-1 技术路线

1.6 研究的创新性

本次研究在总结过去研究成果的基础上，从危机情景认知阶段和危机初始应对两个阶段，分别分析原有良好企业声誉在不同产品伤害危机情景中发挥的作用。本次研究具有以下几个方面的学术贡献：

（1）危机情景认知阶段，我们在已有文献基础上，总结并提炼出原有良好企业声誉的三个作用表现：账户作用、破坏作用和保护作用。并构建了原有良好企业声誉的作用机制模型，发挥保护作用的中介变量为结论可靠性和消费者归因，消费者归因包括责任归因、意图归因和稳定性归因；发挥破坏作用的中介变量为期望不一致。

（2）基于对产品伤害危机情景的划分，我们进一步论证在不同危机情景中，原有良好企业声誉在危机情景认知阶段的作用表现和作用机制存在差异。模糊不清的危机情景中，原有良好企业声誉发挥了账户功能；但是，在企业过错行为清晰的危机情景中，原有良好企业声誉是否发挥账户作用存在差异。在产品安全性模糊不清的危机中，原有良好声誉通过结论可靠性、责任归因和稳定性归因发挥保护作用；在产品不安全但原因模糊不清的危机中，提高归因的模糊性，有助于原有良好企业声誉通过责任归因和稳定性归因产生积极的保护作用；在非核心能力失败的危机中，原有良好企业声誉通过稳定性归因和期望不一致同时发挥作用，最终表现为破坏作用；在核心能力失败和道德不良产品伤害危机中，原有良好企业声誉通过期望不一致发挥了破坏作用。

（3）危机初始应对阶段，我们提出在不同危机情景中，原有良好企业声誉影响了企业初始应对策略选择和修复策略发挥的效力。在产品安全性模糊不清的危机中，当原有企业声誉良好时，不存在策略和关怀策略均能发挥积极的修复作用；当原有企业声誉一般时，仅能选择关怀策略。在产品不安全但原因模糊不清的危机中，无论企业声誉如何，企业只有采取关怀策略才能发挥修复作用；不存在策略加剧了危机破坏作用。在企业过错行为清晰的危机中，企业过错属性调节了原有良好企业声誉对应对策略的修复效力。仅在能力失败的危机中，原有良好企业声誉增强了修复策略的积极效果。

—————— 第 2 章 ——————

文 献 评 述

    根据研究内容,文献述评范围包括产品伤害危机内涵、产品伤害危机类型、企业声誉内涵、归因属性划分、产品伤害危机中消费者归因研究、原有企业声誉对消费者归因及其他变量的影响、产品伤害危机中的应对策略。本研究所检索文献的范围涵盖 1970～2013 年国外主要的管理学、经济学、社会学及心理学领域的全文数据库,国外数据库有 ProQuest、JS-TOR、EBSCO、Emerald、Science Direct、Springer;国内的主要文献数据库有中国知网、万方、维普数据库等,同时还通过网络搜索了大量产品伤害危机事件。

    在危机管理中,直接将原有企业声誉作为研究变量的文献非常有限。于是,扩大了主题搜索的范围,加入和企业声誉相关联的内容。包括品牌声誉、品牌承诺、品牌忠诚、口碑、品牌信任、企业社会责任、品牌知名度、品牌熟悉度、消费者—企业认同、消费者期望、品牌资产。

2.1　产品伤害危机

2.1.1　产品伤害危机概念

产品伤害危机的研究中,以下两位学者的定义得到了广泛的认同。希欧姆科斯和克尔兹巴（Siomkos & Kurzbar，1994）提出"产品伤害危机具有偶发性，危机的发生源于某个产品存在缺陷或对消费者存在危险的事件被广泛报道。"达沃和皮鲁塔（Dawar & Pillutla，2000）认为"产品伤害危机是指企业生产的某种或某一系列产品被发现并被广为传播存在缺陷，已经或有可能给消费者带来危险。"

根据两位学者的定义，产品伤害危机具有以下的特征：第一，产品伤害事件诱发产品伤害危机；第二，产品伤害危机产生的根源在于企业提供的产品存在缺陷或可能存在缺陷，而这种缺陷将消费者置于或有可能置于危险之中；第三，这一信息被广泛传播和关注。

2.1.2　产品伤害事件和产品伤害危机

把事件和危机分开的原因在于，往往事件发生之后，危机并不一定马上形成。从事件到危机会经过一段时间，只有当产品伤害事件引发了大量的负面宣传，逐渐上升为媒体和公众关注的焦点，则危机形成。产品伤害事件是企业与消费者、公众期望之间的冲突点，即产品质量的安全性属性不符合消费者、公众之间的期望。

余明阳和刘春章（2008）根据海恩斯沃思和孟（Hainsworth & Meng，1988）的事件分析模型，将危机的发展阶段划分出事件管理和危机管理不同的阶段（如图2-1所示），包括潜在影响、事件抬头、影响扩大、危机事件及事件休眠五个阶段。在潜在影响阶段，如果企业不进行干预或干预不当，随着媒体报道不断扩大，事件的负面影响就会加大，最终形成危机。

产品伤害危机是产品伤害事件在冲突中的升级。在事件发展阶段，媒体报道具有关键和决定意义。当产品伤害事件被媒体进行了大规模的报道和关注，在不同的信息互动和交流平台（论坛、博客、微博等）事件被不间断的讨论，危机就已经形成。良好声誉企业的负面信息因为具有较高的新闻价值，更加容易从单纯事件发展为危机。

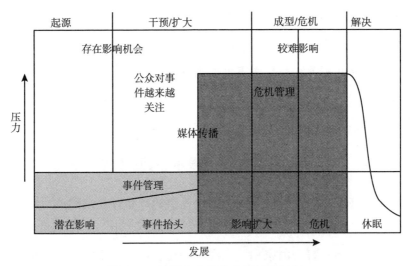

图 2 – 1　事件与危机的发展演化过程

注：此图转引于余明阳和刘春章，2008。

通过以上分析，产品伤害危机可以划分为广义和狭义两个层次。广义的产品伤害危机包括产品伤害事件形成和发展阶段；而狭义的产品伤害危机仅包括事件上升为危机后的阶段。如果在产品伤害事件发展的阶段，企业能够及早和主动干预，就能够有效控制事态的进一步扩大，在上升为危机之前得到化解。反之，则事件最终形成更具破坏力的危机，如 2000 年中美史克感冒药 PPA 风波。2000 年 11 月 16 日中国国家药品监督管理局发布《关于暂停使用和销售含苯丙醇胺（PPA）的药品制剂的通知》，含有 PPA 的 15 种药品（包括中美史克公司的感冒药康泰克和康必得）被宣布暂停销售①。虽然中美史克迅速采取了一系列危机应对方案，成功化解了危机，但是从危机发展的动态阶段分析，中美史克在事件形成和发展的阶段却疏于警觉和应对。因为中国药监局发布通知滞后于媒体对美国耶鲁大学有关 PPA 的研究报告，在很多国家都已经禁止销售含 PPA 的感冒药

---

① 信息来源：国家药监局发布紧急通知：停用多种感冒药［EB/OL］.（2000 – 11 – 16）［2012 – 10 – 05］. http：//news. sina. com. cn/c/146550. html.

时，中美史克在中国市场，却未采取任何措施，最终仓促应对中国药监局的禁售通知，错失了危机形成期的主动性。

本次研究并不关注产品伤害事件到危机的演变，研究时间点是产品伤害事件被消费者和公众所获悉后的爆发期，从更加微观的角度分析消费者对产品伤害信息、企业应对行为、企业声誉的主观评价和感知。

2.1.3 产品伤害危机爆发的根本原因

产品伤害危机爆发的根源在于企业提供的产品存在缺陷或可能存在缺陷，而这种缺陷将消费者置于或有可能置于危险之中。在现实案例中，主要表现为：产品不符合国家相关标准和法规；产品包含对身体健康和生命安全造成危害的成分或缺陷；产品包含可能会对身体健康和生命安全造成危害的成分或缺陷。

如果从是否有充分权威的证据（国家标准）显示产品是否存在安全性问题，表现为：一是产品安全性问题可以依据国家标准和法规进行验证；二是产品是否存在安全性问题，权威机构也缺乏相关标准予以确定。

2.1.4 产品伤害危机与其他名称危机的区别与联系

产品伤害危机与其他危机之间的区别，主要在于研究视角的差异。他们之间存在以下的关联：

（1）产品伤害危机与企业危机、产品危机之间是包含与被包含的关系，区别在于研究范围不同。产品危机是企业危机的一种，而产品伤害危机又属于产品危机。很多研究中，将产品危机等同于产品责任危机或者产品伤害危机。但是，产品危机中仍有一些危机产生是因为产品存在缺陷产生的，但是并不会给消费者带来身体健康和生命安全的影响，而是导致其他损失和风险，如给消费者造成来不便、金钱损失、时间损失、面子损失；等等。此类危机属于产品危机（产品责任危机），但是不属于产品伤害危机。

（2）产品伤害危机的发生导致消费者信任的降低，企业声誉、企业形象受损；市场销量下降、利润减少；公共关系恶化。因此，产品伤害危机也属于信任危机、品牌危机、声誉危机、形象危机、公共关系危机或市场危机等。

2.2　产品伤害危机类型的划分

分类是通过发现和抽取多种事物的共同特征，探究事物存在的共同本质属性，并归为一类。科学研究中，这是从搜集事实到理论建构的必要路径，通过对多种事实或现象之间的比较上升到理论高度。危机情景的研究中，按照一定的标准或维度对不同情境中多种多样的特征进行分类，能够更好地认识和把握不同危机情景的本质，并为进一步分析其他变量在不同危机情景中的影响奠定基础。以下为已有文献中对产品伤害危机类型的划分。

2.2.1　可辩解型产品伤害危机和不可辩解型产品伤害危机

方正（2007b）将产品伤害危机划分为可辩解型和不可辩解型产品伤害危机，这两类危机类型的分类依据是危机产品是否违反了国家相关产品安全法规和标准。不可辩解型产品伤害危机即产品存在缺陷，确实违反了现有的产品法规和安全标准；可辩解型产品伤害危机即企业可以澄清和证明产品是无害的、没有缺陷的。

2.2.2　责任不清的产品伤害危机

在劳弗和凯特（Laufer & Kate，2004）的研究中，提出了责任不清的产品伤害危机（The firm's fault is ambiguous）。劳弗（Laufer）对责任不清产品伤害危机的划分依据是：是否有充足清晰的信息证据显示企业存在过错导致伤害结果的产生，即企业生产的产品是否存在安全性问题尚未有明确的定论。

为了能够更加准确的把握此类危机的本质，本书进一步分析了劳弗（Laufer）研究中所选择的危机材料。劳弗和凯特（Laufer & Kate，2004）两个实验中，虚构了两个不同的危机：第一个伤害事件是消费者喝 AOJ 品牌橙汁导致腹泻腹痛的事件，材料中给出了导致伤害结果存在多种可能性原因（农药、混合酒精饮用、喝果汁的杯子未及时清洗、企业采用了一种新的饮料瓶）；第二个伤害事件是米其林轮胎爆胎导致 100 起严重的交通事故，前期事故调查结果显示存在多种原因导致爆胎发生（老化的路面、轮胎超期服役、新产品、消费者未按照要求定期检查胎面、工人质量监控不严等）。从危机材料的描述中，存在多种因素都有可能导致伤害结果的发生。因此，伤害事件的责任归属尚处于模糊不清的状态，即企业生产的产品是否存在安全性问题尚不明确。

劳弗和凯特（Laufer & Kate，2004）解释，责任不清的产品伤害危机常发生于危机爆发的初期。此时，谣言四起，消费者得不到有关伤害事件的真实情况，亦没有权威的信息予以证实；或者导致伤害结果的可能性原因很多，最终通过深入调查得出确切的结论需要很长的时间，如造成汽车事故的原因很多（路况、汽车本身存在质量问题、驾驶者的错误操作、天气条件；等等）。当事故发生后，责任的诊断往往非常困难，驾驶者一般不会轻易地承认自己操作失误的问题，而判断真正的原因往往需要较长时间的技术测试。

2.2.3 劳弗和方正关于产品伤害危机分类的区别与联系

二者相同的地方都是关注产品安全性。不同点在于（如图 2 - 2 所示）：方正是基于事实结果的最终结论（企业生产的产品是否具有安全性问题）进行划分；而劳弗是基于事实结果清晰与否的状态（是否有清晰权威的结论确定企业对伤害结果存在责任）进行划分。

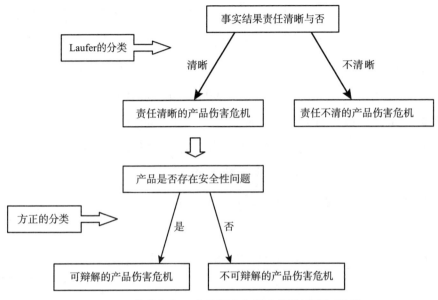

图 2 - 2 　劳弗和方正产品伤害危机分类的区别与联系

2.3 企业声誉

2.3.1 企业声誉概念

诸多企业声誉研究中，目前还没有任何一个企业声誉的概念被广泛接受（Bennett & Kottasz，2000）。企业声誉概念的描述主要侧重三个方面：声誉本质、声誉形成和声誉的构成与测量。

1. 关注声誉本质的概念

关于声誉本质的分析，利用"评价"来界定声誉内涵的频率最高。评价是个体对某一事物和对象的主观判断的过程，融入了评价主体对评价客体的喜好或厌恶、支持或反对的态度。评价的主观性主要源于以下三个方

面：第一，不同的评价主体兴趣和知识结构导致评价的片面性（Fombrun，
1996）；第二，晕轮效应的存在导致评价主体从自身对企业某一方面的认
知推断企业的整体声誉；第三，认知的过滤作用导致评价主体仅仅保留与
他们看法一致的信息要素，导致认知偏差。除此之外，还包括意识、感知、
资源、资产等，但评价出现的频率最高（Bernstein，1984；Dowling，1994；
Brown & perry，1994；Deephouse，2000）。与评价含义相近的词还包括：
判断（judgment）、估值（estimate）、估价（evaluation）、衡量（gauge）。
还有一些词语比如尊敬、吸引力、信仰、优先选择权也反映了个体的主观
判断，应该也属于对声誉概念本质的描述。

　　代表性定义如表2－1所示。

表2－1　　　　　　　　　　　反映企业声誉本质的代表性概念

作者	定义
达顿（Dutton et al.，1994）	对一个企业的特殊信赖
赫比格和迈尔维克（Herbig & Milewicz，1995）	对企业的一贯性的评价
迈尔维克和赫比格（Milewicz & Herbig，1997）	经过一段时间后对企业一贯性的累积评价
弗布仑和万恩（Fombrun & Van Riel，1997）	对企业绩效的主观综合评价
博斯特和格里芬（Post & Griffin，1997）	对企业看法、感知和态度的综合
弗布仑和万恩（Fombrun & Van Riel，1998）	反映一个企业的整体吸引力
格瑞和巴尔末（Gray & Balmer，1998）	对企业特征的价值判断
杜克瑞驰和卡尔特（Dukerich & Carter，2000）	基于感知的评价
凯博和格雷厄姆（Cable & Graham，2000）	基于情感的评价
伯尼特和库塔孜（Bennett & Kottasz，2000）	在经历了一段时间后，对企业产生的优先选择权
弗布仑和闰多瓦（Fombrun & Rindova，2000）	企业所获得的总体尊敬
焦亚（Gioia et al.，2000）	持续的、累积的、总体评价
弗布仑（Fombrun，2001）	对企业效率的主观综合评估

2. 体现企业声誉形成机制和过程的定义

丰布兰和尚利（Fombrun & Shanley，1990）指出企业声誉的评价是建立在该企业相关信息基础之上的，通过市场和企业披露的财务信息评价该企业的经营绩效；利用企业制度信息评价该企业的社会责任感和道德；通过了解企业的经营战略判断企业的战略方向和未来发展动向；并提出了一个声誉的形成模型，企业第（$t-1$）期以前的各期的所有行为，影响第（$t-1$）期的战略，同时影响第 t 期的行为；第 t 期的行为影响第 t 期的战略；第（$t-1$）期以及第 t 期的战略共同形成企业信号，共同决定了企业第 t 期的声誉。魏格尔特和卡莫勒（Weigelt & Camerer，1988）认为企业声誉是根据企业过去的行为表现推断企业一系列的品质特征。高特斯和威尔逊（Gotsi & Wilson，2001）认为企业声誉是随着时间的推移，基于直接累积的经验，或者有关企业行为及与其他竞争者的比较信息，利益相关者对企业做出的整体评价。除此之外，在这些学者（Bennett & Kottasz，2000；Gioia et al.，2000；Schweizer & Wijnberg，1999；Fombrun，2001）的概念中，也都体现了企业声誉形成的时间性和累积性。尹等（Yoon et al.，1993）认为企业声誉是企业过去行为的历史反映，罗伯茨和道林（Roberts & Dowling，2002）将企业声誉视为对企业过去行为和未来期望的感知，汉森和斯图亚特（Hanson & Stuart，2001）认为声誉是时间维度上的企业形象。

由此，声誉的积累性、时间性和历史性已经得到认知上的统一。良好企业声誉代表着利益相关群体对企业某一属性的一致性的长期判断，需要通过较长时间的努力累积而成。

3. 从声誉的构成要素界定企业声誉

代表性的观点如表 2 - 2 所示。

表 2 – 2   **企业声誉构成维度代表性观点**

作者或组织	企业声誉构成维度或测量维度
《财富》杂志 AMAC（全美最受欢迎的公司）评选（1983）	创新性、管理质量、长期投资价值、社区和环境责任、吸引和留住人才、产品和服务质量、财务合理性、资产运用
德国《经理人》杂志评选体系（1987）	管理水平、创新能力、沟通能力、环境责任、财务稳定性、产品质量、市场增长率、员工保留率、对经理人的吸引力和国际化水平
《财富》杂志 GMAC（全球最受欢迎的公司）评选（1997）	创新性、管理质量、长期投资价值、社区和环境责任、吸引和留住人才、产品和服务质量、财务合理性、资产运用、公司全球业务的有效性
沃多克（Waddock，2000）	满足利益相关者要求的能力、理性附属物、整体净形象
誉商测评体系 丰布兰（Fombrun，2001） 声誉商数（reputation quotient，RQ）	企业声誉定义：对公司为利益相关者提供高价值产出能力进行的综合性评估。包括六大类指标：情感的吸引力、产品和服务、财务业绩、远见和领导力、工作环境、社会责任
戴维斯（Davies et al.，2001）	按照拟人化的企业性格分为五个维度：真诚、活力、能力、魅力和刚毅
布雷迪（Brady，2003）	知识和技能、情感联系、领导力、愿景与需求、质量、财务信誉、社会信誉、环境信誉
戴维斯（Davies et al.，2004）	按照企业性格分为七个维度：宜人性、进取心、能力、时尚型、冷酷性、随意性、阳刚气质
沃尔什和韦德曼（Walsh & Wiedmann，2004）	在誉商测评体系的基础上增加了四个维度，公正、同情心、透明度和顾客导向感知
施威格（Schwaiger，2004）	声誉定义：是由认知和情感构成的态度结构 企业声誉的测量结构：企业竞争力和感召力 声誉驱动因子结构：经营绩效、社会责任、吸引力和质量

2.3.2　本次研究中对企业声誉的界定

1. 企业声誉的评价主体

在众多的企业声誉概念中，评价主体是企业利益相关者，包括多个利益团体和个体。丰布兰（Fombrun，2001）认为利益相关者包括八个群体，包括企业员工、顾客、合作伙伴（供应商、分销商、投资者等）、公众、行动主义者、社区、媒体、政府当局。

不同利益群体对企业的诉求不同，导致对同一企业声誉的评价也不同。不同的评价主体运用不同的标准来评价公司声誉（Fombrun & Shanley，1990；Carter & Deephouse，1999）。莱维斯（Lewis，2001）已经证实企业声誉评价是，不同利益相关者对企业声誉评价的关注点不同，即使相同的关注点对于不同利益相关者在综合评价中所给予的权重也存在差异。因此，以单个利益相关者的视角研究企业声誉，能够更好地反映该利益群体对企业声誉的关注点，增强企业声誉管理的针对性和有效性。结合本次研究的问题是分析消费者遭遇产品伤害危机时，产生的一系列认知和反应。因此，本书限定的评价主体是顾客群体。

2. 企业声誉的本质

本书接受焦亚（Gioia et al.，2000）和丰布兰（Fombrun，2001）提出的"评价观"，认为企业声誉包含了评价主体主观判断的因素和过程，具有时间动态性和累积性。我国学者张四龙认为，企业声誉反映了利益相关者对企业的信任程度，是各利益相关者基于直接或间接经验（信息）对企业做出的综合评价（张四龙和周祖城，2002）。因此，信任构成了企业声誉的本质；而优秀卓越的企业实力和道德的企业行为则是企业获取信任的基础。

最终，本书将消费者视角下企业声誉的概念界定为：消费者基于对企业过去行为感知的基础，对企业整体的评价，反映了消费者根据企业过去的绩效水平、企业形象、产品与服务信息、直接消费经验等营销沟通过程，形成的对企业的综合认知。

2.3.3　品牌声誉与企业声誉

20 世纪 60 年代，学术界才开始了对品牌声誉的研究。品牌声誉（Brand Reputation）概念的提出，是企业声誉理论在市场营销领域的拓展。

阿克（Aaker，1991）认为品牌声誉是消费者对某品牌产品质量的感知。哈特和柏万德（Bhat & Bowonder，2002）扩大了品牌声誉表述的范围，认为品牌声誉是消费者通过与品牌交流（brand communication），对品牌动态方面（dynamic aspects）的认知。消费者通过和品牌的互动形成品牌声誉的认知。其中，包括消费者对产品质量的直接经验，还包括消费者通过广告、品牌营销活动、公关活动对品牌个性、价值观念的认知和体验，或者通过其他途径获得的间接信息，最终形成对品牌的态度。通过对现有文献的整理，学者们一致认同品牌声誉所具有的特征包括：第一，品牌声誉的形成与企业声誉一样具有时间性和累积性，是对企业或品牌过去一段时间历史表现的反映；第二，品牌声誉评价主体是消费者；第三，品牌声誉的本质是个信息获取、搜索、评价和感知的过程；第四，品牌声誉与企业声誉同样，是由认知和情感构成的二维的态度结构；第五，良好的品牌声誉能够给企业带来巨大的商业价值。

品牌声誉与企业声誉具有相似性，都是对过去历史行为和成果的综合体现，但二者也存在差异：首先，评价主体不同。品牌声誉的评价主体就是消费者，而企业声誉的评价主体可以是企业所有的利益相关者，其中包括顾客群体。其次，两者评价客体不同。品牌声誉的评价客体是对某一品牌的综合认知，而企业声誉是对企业整体的综合评价。前者包括的范围小，而后者包括的范围大，但具体的范围视研究内容而定。品牌声誉可以是企业整体的品牌声誉，也可以是企业集团中某一产品或服务的品牌声誉。因为，企业具有不同的品牌结构类型，包括同一品牌结构、附属品牌结构和多品牌结构。同一品牌结构表现为，企业名称和品牌名称是一致的，企业生产和提供的产品、服务都使用统一品牌。附属品牌结构表现为企业在同类产品和服务中，拥有多个品牌，并且不同的品牌之间内在关联。多品牌结构是由于企业多元化经营在不同的行业领域拥有不同的品牌，品牌之间关系松散，独立运行。因此，企业可以有自身整体的声誉，同时每个单独品牌也具有各自的品牌声誉。

本次研究中，本书没有采用"品牌声誉"，而是使用了"消费者视角下的企业声誉"。主要原因在于，在现实的产品伤害危机中，消费者无法将品牌和企业完全分离。即使企业拥有不同的品牌，产品伤害危机的爆发始于某一产品和品牌，但是企业仍然是危机卷入的行为主体，最终进入消费者的视线。因此，消费者对企业原有的态度必然会影响消费者对危机的认知和危机后的反应。因此，采用消费者视角下的企业声誉更合理，更符合现实的危机情景特征，研究结论也更具有现实指导价值。在后面的研究中，为了简化实验研究的复杂性，本书没有设计企业拥有不同单独的产品品牌，而是拥有唯一的一个企业品牌，作为实验研究对象，此时消费视角下的企业声誉即企业品牌声誉。

2.4　产品伤害危机中消费者归因研究

归因（attribution）是人们对于自己或他人行为原因的知觉和判断（Weiner，2000）。行为或事件发生后，人们总会对发生的事件进行归因，人们期望通过探寻和解释自己或他人行为的原因，达到控制环境和确定未来行为的目标。而对于突发的负面事件，尤其是事件真实原因的模糊性更会激发人们试图对责任做出判断（方正和杨洋，2009）。因而，产品伤害危机的研究中，归因属于信息加工的一种方式，是消费者判断导致危机发生原因和责任方的过程。产品伤害危机发生后，消费者会主动做出归因判断：伤害结果是否与企业提供的产品有关，导致产品失败的原因是什么，以及自身对于危机应做出怎样的行为反应；等等（Folkes，1988）。归因理论是关于人们如何解释自己和他人的行为以及如何影响情绪、动机和行为的心理学理论。危机事件发生后，人们首先进行归因，而归因结果进一步影响人们随后的动机、情绪和行为反应。莫温（Mowen，1980）初步解释了归因理论在危机沟通中的作用和角色。在危机发生后，利益相关者会对危机的产生做出归因，评价责任。将归因理论与危机研究相结合，符合人们思维逻辑的过程。

现有的研究可以分为两类：一是消费者对危机责任的归因对消费者行为结果变量的影响，如情绪、品牌评价、购买意愿等；二是研究消费者对危机责任的感知，影响消费者责任归因的前因变量，如性别、年龄等人口统计特征对危机责任感知差异，企业社会责任感，企业声誉等。

2.4.1 归因与归因维度的划分

1. 归因

归因发生的条件包括负面事件、异常或未知事件、重要事件等。凯利（Kelley，1973）认为，归因是当人们处于不确定或模糊情境中，自觉发生，想要探究事件产生的原因。韦纳（Weiner）认为，归因产生的条件是当个体面对负面、消极或预期之外的事件，期望通过归因避免该事件的再次发生。

归因（causal attribution），即"原因归属"，是人们对自己或他人行为原因的知觉与判断，将行为或事件的结果归属于某种原因（Weiner，2000）。心理学中，归因过程是人们通过知觉、思维、推断等内部信息加工，分析行为或事件的结果，最终确认结果产生原因的认知活动。归因的过程也可视为决策制定的过程。往往存在多种可能的候选因素导致结果产生，从中确定一种或几种原因就需要个体通过比较、推断，最终做出决策。

2. 归因的维度

目前，韦纳（Weiner）对归因属性的划分得到了研究者们的公认，原因特性包括三种，即原因的部位（focus of causality）、原因的可控性（control ability of causality）和原因的稳定性（stability of causality）；其中每一个分类纬度可进一步划分为：内部原因—外部原因、稳定原因—不稳定原因、可控制原因—不可控制原因。

（1）原因的部位。根据来源或部位原因可以划分为内部归因和外部归因。这种原因分类维度或标准被大量的研究者所认同或采纳。无论追溯到海德创立归因理论、凯利的归因模型，还是在有关归因偏向或归因风格的研究中，内部、外部原因都是测量归因的主要指标。

内部归因是指结果的发生与自身的原因导致，也称为"个人归因"。外部原因指自身之外的原因导致结果的发生，也称为"环境（情景）因素"。产品伤害危机的情景中，本书的研究是站在消费者的视角。内部和外部归因的划分，是以危机中的企业为轴心对原因进行分类。凡是属于危机企业方面的原因，称为内部归因，包括（研发、生产、检验）；凡是属于企业自身之外的原因称为外部归因。从产品价值链视角分析，导致产品出现问题的外部因素包括：环境（自然环境、政治环境等）、消费者、供应商、销售商、运输商。

（2）原因的稳定性。原因的稳定性是韦纳首先提出的，行为产生的原因是否是稳定的和不易发生变化的。在行为的内部原因和外部原因中，有一些原因是稳定的和不易变化，另一些是不稳定的和易变化的。分为稳定性和不稳定性归因。原因稳定性也就是判断这种行为是经常性的还是偶然性的。

产品伤害危机的情景中，我们认为存在两个方面影响原因稳定性的判断。一是导致产品危机发生的原因特性本身改变的容易性。当容易改变时，则被认为是不稳定的；当很难改变时，则被视为是稳定性的。二是企业以往是否存在相似的危机历史，类似危机的反复发生，表明企业产品存在质量问题并非偶然，也无法避免未来此类危机的再次出现。如果根据凯利（Kelley）的"一致性信息"的观点，消费者认为危机的发生并不是偶然的，必然存在企业难以改变的因素导致的产品伤害危机的发生。因此，危机的重复发生增强了消费者对危机产生原因稳定性的感知。如果企业类似危机的记录越多，原因的稳定性就越强。

在内部因素中，如果导致产品伤害危机的原因是由于企业对国家产品安全标准、法律法规视而不见，添加违禁成分，这就反映了企业经营的价值观念，类似于个人评价中的品质特性。一个人的品质特性通常被认为是稳定的不易变化的（Weiner，1986）。如果导致危机的原因是由于人为失误、设备故障。这种因素的产生通常是偶发的，存在不稳定性和易变性。由于技术和工艺流程导致的产品伤害危机，尤其是产品设计或者生产的核心技术失败导致的危机，即使想要通过技术引进等方式进行解决，消费者往往认为短期内是无法改变的，也可能被视为稳定的原因。

（3）原因可控性。原因的可控性是指行为发生的原因是否是行为主体可以控制的。一种行为的原因能否被人们所控制，取决于导致该行为事件发生的结果，能否被人们消除、减弱或增强。划分为可控性和不可控性归因。危机情景中，原因的可控性是指企业能否对危机产生的伤害结果具有可控性（即消除、减弱或增强）。

一般而言，内部原因（机器设备、员工）都是企业可以控制的，外部原因中分为可控性归因（供应商）和不可控归因外部原因（销售商、运输商、消费者、外部自然环境等）都是企业所无法控制的。其中，如果导致产品存在安全性问题的原因在于供应商提供的原材料和零部件不合格，虽然归因部位是企业外部，但是企业本身也要承担对原材料和零部件的检验职责。因此，此类原因属性划分上也具有可控性。

（4）原因意图性的提出和概念。社会心理学中，不少研究者指出上述三种原因特性难以涵盖原因特性的全部。目前，已被分离出来的原因特性包括"意图性"。在归因属性中，归因的可控性主要是指行为人对造成后果的原因是否具有可控性，而无法体现行为人的主观意图。我国学者刘永芳（1998）也认为意图性归因从可控性归因中独立出来，具有合理性。有些原因虽然在韦纳三种归因特性上都相同，但仍然可以根据行为主体的"有意性"做出区分。比如，在学生学习成败归因中，学生学习的努力程度和学习方法已被证明是影响学生成绩的重要因素。在韦纳的原因属性上，都是内部的、可控的。然而，这两种原因在"意图性"上却存在差异。学生荒废时间、不努力学习从个人意识上可以是"有意地"或"故意地"，但不会"有意或故意"采用不当的学习方法。

产品伤害危机中，本书界定意图归因是指对企业是否存在主观故意导致伤害结果的产生，是当企业存在过错后对企业价值观（是否关心消费者利益）的分析。意图性归因是在责任归因之后发生的深层次归因行为。借鉴法律中对犯罪故意的解释，从认知角度，故意的行为人明确认识到企业行为会发生危害社会的结果；在意志上，积极追求危害结果的发生或对危害的结果采取放任的态度。在产品伤害危机的案例中，企业为了追求高额的经济利益，而无视国家产品安全法，给消费者造成伤害的事件，均属于直接故意的行为。法律中，与故意行为对应的非故意行为称为过失。过失是指企业知道自己的行为可能会给社会和消费者产生危害，但轻信能够避免，从而导致结果发生；或者是企业应当预见自己的行为可能会导致社会危害，但出于疏忽大意而导致结果发生。故意和过失的区别在于：是否排斥危害结果的发生；存在过失行为的企业主观上并不希望伤害结果的发生。由于人为失误、质量监控不严等原因导致的产品伤害危机都属于过失行为。因此，意图性归因可以分为主观故意和过失（非故意）两类。

2.4.2　本次研究中对原因维度的划分

我们将归因的维度划分为三类：责任归因、意图归因和稳定性归因。其中每一种分类维度可以分为有责—无责、有意—无意、稳定—不稳定。

责任归因是产品伤害危机发生后消费者进行归因的首要工作。责任归因意在识别企业是否是造成伤害结构的责任人或责任方。同时，归因的最终目的是为了采取相应行动以影响被观察者的今后行为。消费者还会对企业行为的意图性和原因的稳定性进一步分析和判断。意图归因和稳定性归因是在责任归因基础上，对归因的进一步分析和判断，意在分析企业和危机的内在特性。归因属性中，将责任归因与意图归因进行区分，能够更加合理的解释消费者归因过程。

1. 责任归因

在归因的三个属性中，归因部位与归因可控性，构成了消费者对危机的责任归因（Tsiros et al. , 2004；Weiner, 1986）。韦纳在责任推断的理论框架中，认为归因的可控性是责任归因的前提。如果消极事件的原因是由行为者可以控制的，那么行为主体要对事件的结果负有责任。在危机情景中，如果危机归因的部位在于供应商，虽然属于企业外部因素，但是因为企业对原料采购的质量具有检验的责任。因此，由于供应商原因导致的产品伤害危机，企业也具有可控性和负有相应的责任。

李雁晨（2010）通过对归因维度的测量，将归因划分为两个维度：责任归因和稳定性归因。根据韦纳的观点，使用 ASQ（Peterson & Villano-va，1988；Peterson，1991 年的归因风格量表）、RAM（Fincham & Brad-bury，1992 年的关系归因量表）中的原因定位分量表和福克斯（Folks）对原因可控性的测量构成责任归因分量表，由 3 个题项构成。使用 ASQ 和 RAM 的原因稳定性构成了归因量表中的稳定性分量表，包含 3 个题项。通过探索性因子分析和验证性因子分析，双因子模型拟合较好，表明消费者进行归因时存在互相区别但高度相关的两个维度。

在本次研究中，原因可控性和原因部位合并为责任归因。结合产品伤害危机的情境，责任归因是指消费者分析企业是否存在过错导致产品伤害结果的发生，或者企业是否对产品伤害结果的发生承担责任。与归因部位区别在于，归因部位只能判断导致产品伤害危机发生的原因是否在企业内部。

2. 意图性归因

意图性归因是指对企业是否存在主观是否故意追求或放任伤害结果的产生。意图归因是在责任归因之后，对企业行为特性的进一步分析和判断，可以划分为直接故意和间接故意。直接故意即已经预见到危害结果会发生，放任或追求其发生的；间接故意是，预见到危害结果可能会发生，也可能不发生，对结果的发生持放任态度（郭炜，2013）。过失（非故意）是主观上并不知道会发生危害的结果，由于疏忽大意造成的。

本书借鉴刘永芳（1998）中对意图归因的研究结论，结合对 24 名消费者的深度访谈，发现消费者对企业行为的意图性主要表述为"故意""有意""明知故犯""知道产品有害""知道企业的行为不当，有可能给消费者造成危害"。前三种表述是对行为主体主观意图的整体抽象描述，而后两种表述更具体侧重行为主体是否能够预知或有可能预知到行为结果的发生。

3. 稳定性归因

稳定性归因是指导致危机产生原因稳定性的分析，判断危机产生的原因是否具有偶发性。如果消费者将原因归于稳定性因素，则预期危机再次发生；如果将结果归于不稳定因素，则危机再次发生的概率降低，直接影响危机后消费者态度。

2.4.3　消费者危机归因对消费者行为结果变量的影响

此类研究主要关注归因维度对消费者情绪和行为意愿的影响。乔根森（Jorgensen，1994；1996）运用归因理论来解释在内部可控的、外部不可控的和混合性的责任归因三种不同的类型下，企业负面曝光事件对消费者态度、责任归因和购买意愿的差异影响。研究表明：只要消费者认为负面曝光事件的归因是内部可控的，归因结果就会对消费者产生负面影响。当危机中的归因属于混合归因时，消费者对企业的责任程度与内部可控的归因程度相同；与外部不可控原因所导致的负面曝光事件相比，由企业内部可控原因以及混合原因所导致事件会导致消费者更愤怒，对企业责备程度更高，对危机后消费者态度和购买意愿负面影响更大；而内部可控原因与混合原因的影响无显著差异。在诸多的研究中已经证实，责任归因与危机后的消费者态度、购买意愿和负面情绪负相关（De Matos & Rossi，2007；Vassilikopoulou eatl.，2009；Vassilikopoulou et al.，2011；Magno，2012）。

2.4.4　影响消费者归因的前因变量

消费者责任归因文献中，存在三类主要的决定因素：动机，信息和原有的信念（Folkes，1984；1988）。劳弗（Laufer）等研究人员从人口统计特征（包括年龄、性别、文化背景）的角度，探讨了不同消费者在归因上的异质性。从文化背景分析，与崇尚集体主义的消费者相比，崇尚个人主义的消费者产品伤害危机的责任归因更倾向于企业内部（Laufer，2002）。从年龄分析，与年轻人相比，老年人对责任不明的产品伤害危机更加宽容，对企业的责任归因较小（Laufer et al.，2005）。从性别分析，女性比男性感知内在的脆弱性更高，更倾向于对企业的责任归因（Laufer & Kate，2004）。西尔弗拉（Silvera，2012）通过实验研究发现，老年人比年轻人对产品伤害危机感知威胁性更小，对企业责备越小，具有更强的购买意图和推荐危机产品意向。从消费者对产地熟悉度分析，若消费者对危机中的品牌熟悉，则原产地形象不会影响消费者的责任归因；而当消费者对危机中的品牌不熟悉，并且该产品的原产地形象较负面时，消费者倾向原产地归因；与不知名品牌相比，消费者对知名品牌的责任归因较小（laufer et al.，2009）。王丽丽等（2009）通过实验发现品牌忠诚度越高，消费者越倾向归因于外部、不可控和不稳定的因素，从而降低对企业的责备程度。库姆斯和霍拉迪（Coombs & Holladay，2011）研究了危机报道中视觉形象类型（无视觉形象因素、中性视觉形象因素和受害者的视觉形象因素）对危机责任、品牌声誉和负面口碑的影响。还有的学者发现消费者的道德信念（consumer ethical beliefs）与责任归因存在正相关。消费者对可能存在道德问题的行为无法容忍的程度与责任归因（责备）存在正向的关联（Vassilikopoulou et al.，2011）。

2.4.5 危机管理中企业声誉对消费者归因及其他变量的影响

在现有的文献中，与企业声誉相关的主题有：品牌声誉、品牌熟悉度、品牌知名度、企业社会责任、消费者前期态度、原有期望、消费者—企业认同度、品牌承诺、品牌资产、消费者购买类型、品牌忠诚。影响的结果变量有：感知风险、购买意愿、企业应当承担责任程度的感知、企业整体印象、危机后的声誉、品牌忠诚度、认知价值、品牌评价、品牌资产、消费者态度、负面信息效应。调节的关系作用：感知损失程度与品牌忠诚关系；品牌声誉与品牌忠诚关系。汇总整理如表 2 - 3 所示。

表 2 - 3　企业声誉及其相关变量对消费者归因及其他变量的影响

作者	研究方法	实验设计		结果变量	研究因变量	研究结论
		危机描述	品牌与行业			
希欧姆科斯和克尔兹巴（Siomkos & Kurzbard, 1994）	实验研究	产品发生短路问题、掺杂有害成分	虚拟品牌吹风机、果汁	购买意愿感知风险	品牌声誉（知名的、不知名的；一般）	品牌声誉能缓冲消费者对危险的感知，企业品牌声誉与消费者对产品缺陷的危险感知正相关；与危机后购买意愿正相关。
希欧姆科斯（Siomkos, 1999）	实验研究	产品发生短路问题、掺杂有害成分	虚拟品牌吹风机、果汁	企业应当承担责任感知	品牌声誉（知名的、不知名的）	品牌声誉越高，消费者对企业责任的感知越低。
阿鲁瓦利亚（Ahluwalia et al., 2000）	实验研究	负面信息	耐克 Mizuno 运动鞋	负面信息效应	品牌承诺（高、低）	品牌承诺调节了"负面信息效应"。前期品牌承诺程度低，产生负面信息效应，前期承诺程度高，不会产生该效应。
莱克尼克（Laczniak et al., 2001）	实验研究	笔记本电脑故障	真实品牌笔记本	责任归因	品牌声誉（良好、一般）	当品牌声誉良好时，责任归因倾向于使用者个人而不是品牌。
库姆斯和霍拉迪（Coombs & Holladay, 2001）	实验研究	事故 accident	虚拟品牌工厂事故	感知危机责任；组织声誉	关系历史声誉（高、中低）	良好的声誉却与中立的条件并没有给企业带来差异。良好的声誉带来额外的利益，原有的不良声誉却导致了更高的责任归因（Velcro Effect）。

续表

作者	研究方法	实验设计		结果变量	研究因变量	研究结论
		危机描述	品牌与行业			
阿鲁瓦利亚（Ahluwalia, 2002）	实验研究	负面信息正面信息	虚拟品牌相机和运动鞋	负面信息效应	品牌熟悉度（熟悉、不熟悉）消费者涉入类型	积极的品牌态度可以减弱负面信息效应；品牌熟悉的情形下，品牌涉入人和身份涉入人三种类型，只有结果涉入人情况下才发生了负面信息效应。
丰布兰和瑞尔（Fombrun & van Riel, 2003）	理论分析	企业危机	无	责任归因企业声誉	企业整体声誉	声誉在危机中的晕轮效应分为两类：(1) 质疑（halo as benefit of the doubt）；(2) 保护（halo as shield）。
凯勒（Keller, 2003）	理论分析	营销危机	无	营销负面影响	原有品牌资产	介绍品牌资产积极作用时候提出，高资产品牌的优势可以受到更少的营销危机的负面影响。
克莱恩和达沃（Klein & Dawar, 2004）	实验研究	润滑油导致机器故障	虚拟及真实品牌	归因属性，归责，品牌评价，购买意图	企业社会责任感（良好、一般、不良）	实验结果证实不良声誉的强化效应，在没有给出声誉信息和良好声誉条件之间不存在差异。
库姆斯和霍拉迪（Coombs & Holladay, 2006）	实验研究	外部原因导致、人为导致、责任不清	迪士尼和沃尔玛过山车出轨；货架倒塌	感知危机责任；组织声誉	企业整体声誉评价（高中低）	晕轮效应中的保护作用仅仅存在于有限的情形中，只有当原有声誉水平非常高时，才能实现。没有得到的晕轮效应会发挥了质疑的利益，对抗抵消消声誉本归因偏误。

续表

作者	研究方法	实验设计		结果变量	研究因变量	研究结论
		危机描述	品牌与行业			
瑞伊和豪斯希尔德（Rhee & Haunschild, 2006）	市场数据	产品召回	汽车市场	市场绩效	品牌声誉	原有品牌声誉越高，产品召回对市场绩效产生的负面影响越大。
普林等（Pullig et al., 2006）	实验研究	负面曝光事件	虚拟品牌运动鞋、真实品牌Odwalla果汁	品牌态度	负面曝光事件的性质、消费者事前期定度的确定性	当前期积极态度确定性较高时，负面曝光事件的负面影响较小；当危机与企业定位态度确定性较低（比如，负面曝光定位与价值观相关）时，负面影响较大。
曾旺明和李蔚（2008）	问卷调查	产品伤害危机	麦当劳反式脂肪酸防危机（刚发生的时测量）	感知损失程度与品牌忠诚度的关系	品牌信任度、品牌喜爱程度、消费者性别	品牌信任度正向调节产品伤害事件感知损失程度与品牌忠诚的改变的关系之间的关系。
吴旭明（2008）	实验研究	产品伤害危机由于外部原因，不可控（大地震）	真实品牌和中国联通和移动	品牌资产	消费者使用差异	根据消费者购买行为的高低，包括重度和轻度消费者。重度消费者比轻度消费者品牌资产损失要小，品牌态度、品牌感合意性、感知质量、购买意向的转变也较小。

续表

作者	研究方法	实验设计		结果变量	研究因变量	研究结论
		危机描述	品牌与行业			
科里瑞恩等（Cleeren et al.，2008）	数学模型市场数据	产品伤害危机花生酱沙门氏菌污染	家庭扫描数据；该数据覆盖五年（1996~2000年）	感知风险、购买意愿	原有的品牌忠诚、原有的品牌熟悉度、消费者使用差异；品牌广告	研究发现：（1）品牌忠诚和熟悉度降低了产品伤害危机以后的消极影响，忠诚的消费者和熟悉作者测量产品的消费者都会选择购买该品牌；（2）危机发生后，重度使用者会比轻度使用者更早的购买该品牌，除非他们在危机中的影响使用量急剧减少；（3）相对于弱势品牌的品牌后，危机后的品牌广告仅对强势品牌有效。
瓦西里等（Vassilikopoulouet al.，2009）	实验研究	发生爆炸，手机电池过热	虚拟品牌手机	一般印象、感知风险、消费者购买意愿	危机严重程度、时间、组织社会反应对策、企业社会责任感（良好、一般）	企业的社会责任感知水平越高，消费者的危险感知就越高；危机时果未影响第一个时间阶段，只有在第二个时段影响购买意图，影响感知购买风险。
劳弗等（Lafer et al.，2009）	实验研究	责任不清产品伤害危机	真实品牌饮料	责任归因	品牌知名度	同等情况下，企业知名度越高消费者对企业责任归因越低。

续表

作者	研究方法	实验设计		结果变量	研究因变量	研究结论
		危机描述	品牌与行业			
达沃和雷（Dawar & Lei, 2009）	实验研究	与品牌核心定位相关与不相关	虚拟品牌和危机饮料	品牌评价	品牌熟悉度、危机相关性、感知危机的严重程度	若消费者对品牌不熟悉，则危机是否与品牌核心定位相关都会影响品牌评价，对评价破坏相当；如果消费者对品牌熟悉，则与品牌核心定位相关的危机对品牌评价影响更大；品牌熟悉度和危机类型对品牌评价交互作用受到危机感知严重程度调节。
王新宇和余明阳（2011）	问卷调查	双汇瘦肉精事件	真实品牌食品	归因（部位，可控性和稳定性）	企业声誉	企业声誉对消费者归因具有负向影响，并且消费者归因部分中介了企业声誉与购买倾向的关系。
王晓玉（2011）	实验研究	细菌群落超标；菌落总数超标	虚拟品牌纸巾、饼干	消费者态度	原有品牌资产、产品危机的严重程度、是否接触过类似危机信息	(1) 没有发现消费者以前是否接触过类似危机信息的主效应和调节效应。(2) 期望破坏程度是危机中高品牌资产加剧危机负面影响的部分中介变量。(3) 产品危机中品牌资产的主效应是加剧了危机的负面影响，高资产产品态度下降程度比低资产产品更大。(4) 在感知伤害程度低的资产产品也没有发挥抵御的作用。(5) 危机发生后消费者对高品牌资产的态度仍然高于低资产产品，还是更喜欢高资产产品。

续表

作者	研究方法	实验设计		结果变量	研究因变量	研究结论
		危机描述	品牌与行业			
贾斯汀等（Justin et al., 2011）	实验研究	产品伤害危机	虚拟品牌轮胎	责备归因	品牌熟悉度、危机严重性、个人感知脆弱性	危机严重性小时，品牌熟悉度对消费者责备无影响；危机严重性大时，品牌熟悉度与消费者责备负相关。品牌熟悉度抵御了危机的负面影响。
江等（Jiang et al., 2012）	实验研究	产品伤害危机	无	外部归因、品牌评价	自我建构（相互依存的自我建构和独立的自我建构）、品牌承诺	当品牌承诺高时，更感性的分析对产品伤害危机，自我建构类型对外部归因和品牌承诺无影响；当品牌承诺低时，消费者更加理性的分析性危机，相互依存的自我建构导致更高的外部归因和更高的品牌评价。
雷等（Lei et al., 2012）	实验研究	啤酒召回	虚拟品牌啤酒	责备程度、品牌信任、品牌评价	原有信念、基于概率信息和一致性信息、是否首次发生	当原有品牌信念良好时，高概率产品伤害危机导致消费者对企业归责较小；折扣效应缺乏时，低概率危机导致归责性信息一致时，担当一致性效应。当原有品牌信念不良时，责备归因不会受到延续性时间的影响，但是非典型效应具有效应仅发生于首次危机中。

续表

作者	研究方法	实验设计		结果变量	研究因变量	研究结论
		危机描述	品牌与行业			
杨君茹等（2012）	实验研究	手机伤害事件	虚拟品牌手机	购买意愿	品牌知名度、危机过去时间、危机处理方式、外界舆论、企业责任程度、危机严重程度	品牌知名度越高，危机后购买意愿越强；危机过去时间越长，危机后购买意愿越积极，购买意愿越小；购买意愿越强，危机后购买意愿最正向，购买意愿越强；危机过去的危机下，在高严重度危机下，品牌知名度最重要；在中严重度影响最重要；危机处理方式最重要。
桑辉，井淼（2012）	问卷调查	双汇瘦肉精	真实品牌食品	感知伤害	品牌知晓度	产品伤害危机事件中，品牌知晓度与感知伤害无关。
哈斯和施勒格尔米尔希（Haas-Kotzegger & Schlegelmilch, 2013）	深入访谈	产品伤害危机	食品、汽车	消费者对产品伤害危机的反应	企业声誉	原有良好企业声誉积极的作用，获得了质疑发挥削弱消费者的消极反应。

2.5   产品伤害危机应对策略研究

2.5.1   危机应对理论

在危机管理、危机沟通、传播学、组织行为学和应急管理等研究领域，不同学者从各自的角度提出了危机应对策略。危机应对策略是一种信息组合，包括组织危机后的言语和行动，如印象管理理论、形象修复理论、企业回应沟通模型、情景危机沟通理论、道歉理论、后危机重建言说、信任修复理论等。这些理论中，本次研究主要依据信任修复理论、形象修复理论和情景危机沟通理论（SCCT）。

1. 情景危机沟通理论

情景危机沟通理论从 1995～2007 年，经历了若干阶段的发展和完善。最终，库姆斯（Coombs）提出危机应对策略包括首要应对策略和辅助应对策略。首要策略用以帮助企业免受和降低危机的负面影响，而辅助策略是首要策略的有益补充。首要应对策略包括：否认、降低、重建。否认的二级策略包括攻击指控者、简单否认和寻找替罪羊；降低的二级策略包括借口和正当化；重建的二级策略包括补偿和道歉。辅助策略即道己之长，具体的二级策略包括提醒、迎合和体现受害者形象。若企业与利益相关者过去有良好的关系，可以采用提醒策略，提醒企业过去的善行，表扬利益相关者在危机中的支持，提升二者之间的关系；如果危机是由不可控的外部因素导致的，可以向公众传达自己本身也是受害者，博得同情。

并且，库姆斯（Coombs）通过对危机情景的划分，分析了危机情景与危机应对策略之间的匹配过程。以危机中企业责任水平的差异，危机包括三大类型：受害者型、事故型和可避免型。受害者型即企业和其他利益相关者一样也是危机的受害者，特点为危机责任最小，对组织声誉造成的损害最低，具体表现为：自然灾害、谣言、工作场所暴力、产品改造。事故型即导致危机的原因是企业非故意的行为，产生中等程度的责任感知，对组织声誉造成的损害处于中等程度,具体表现为:利益相关者质疑、技术设备故障导致的生产事故、技术或设备问题导致产品召回。可避免型即由于原本可以避免的人为错误,企业将利益相关者置身于危险之中,产生较强的危机责任感知,给组织声誉造成严重威胁,具体表现为:人为错误导致的生产事故、人为错误导致的产品召回、组织违法行为但未造成伤害、组织违法行为并造成了伤害、组织违反了法律和法规。

库姆斯(Coombs)建议受害者型危机对应的一般策略为否认策略,事故型危机对应的一般策略为降低策略,故意型危机对应的一般策略为重建策略,但是企业原有的危机历史和关系声誉,影响了危机应对策略的进一步选择。当过往有相似危机历史或者组织和利益相关者双方存在消极的关系声誉时,针对责任较小的受害型危机,应采取降低策略;当过去没有相似危机历史和拥有一般或者积极的关系声誉时,针对责任较低的事故型危机,应采取降低策略;当过往有相似危机历史或者组织和利益相关者双方存在消极的关系声誉时,针对责任较低的事故型危机,应采取重建策略;无论危机历史和愿意关系声誉如何,针对责任高的可避免型危机,应采取重建策略。

2. 形象修复理论

伯诺伊特(Beniot)的形象修复理论研究的重心不在于对危机情景的划分,而是在危机发生后的危机言说。该理论认为当大众认为企业应该承担责任时,无论危机的事实真相如何,都应当采取及时的应对策略。伯诺伊特(Beniot)提出了14种形象修复的策略,具体分为五大一般策略:否认、规避责任、降低事件侵犯性、纠正行为和后悔道歉。否认的具体策略包括:简单否认和转移责任;规避责任的具体策略包括:合理回应、无力控制、意外和良好目的;降低事件侵犯性的具体策略包括:道己之长、淡化、区别、超越、反击和补偿;纠正行为的具体策略包括:解决问题或者防止问题的再次发生;后悔道歉的具体策略即道歉并表达悔意。

3. 企业回应沟通模型

布拉福德和加诺特(Bradford & Garrett,1995)构建出了"企业回应沟通模型"（Corporate Commemorative Response Model）。在案例研究的基础上，对危机情境进行划分，并提出与危机处理策略的对应关系。危机情景划分为行为情景（commission situation）、控制情景（control situation）、标准情景（standards situation）、同意情景（agreement situation）。行为情景特征为没有明确的证据显示企业犯错，对应策略为否认策略（denial），不承认不当行为发生；控制情景特征为有明确的证据显示企业犯错，但无法证明企业是否对情况可控，对应策略为借口策略（excuse），解释行为结果企业不可控；标准情景特征为证实企业犯错，并且是可控的范围，但是评估标准适用性不恰当，对应策略为辩护策略（justification），解释行为结果被不当的标准评估；同意情景特征为证实企业犯错，并且可控，评估标准恰当，对应策略为让步策略（concession），承认、坦白道歉、补偿、纠正。布拉福德和加诺特所提出的四个危机反应策略与伯诺伊特的形象修复策略之间存在对应关系。其中，借口等同于规避责任，辩护等同于降低事件的侵犯性，而让步等同于修正行动和后悔道歉。

4. 信任修复理论

信任修复是组织行为研究中的热点问题，主要关注在信任遭到破坏后，如何修复和重建。危机发生后，往往组织和利益相关者之间的信任也遭到破坏，因此信任修复理论的研究成果与危机应对存在相似性。

研究人员提出的信任修复方式包括：道歉、否认、沉默、解释、承诺、自愿抵押担保、补偿、惩罚；等等。例如，口头解释对合作修复和情绪反应有积极的作用；并且提供实质性的惩罚比仅仅道歉有效，但是惩罚力度的强弱，并不会影响信任修复的效果；如果让受害方提出惩罚补偿的要求，通常少于受害方的实际损失，并发挥更有效的修复作用（Bottom et al.，2002）。提供抵押品能够减少机会主义行为，降低感知风险，提高可信赖性；并且从信号作用分析，自愿提供抵押品比强制提供抵押品，显示对方遵守承诺、约束自利的行为的动机意图（Nakayachi & Watabe，2005）。道歉和口头承诺被看作是对方改变行为的一种积极信号，但是道歉加上承诺并没有比单独一种方式更加有效（Schweitzere et al.，2006）。我国学者张正林和庄贵军（2010）将信任修复看作是初始信任与后续信任修复构成的动态过程，通过实验证实在初始信任修复中，修复方式对初始善意信任信念有显著影响；在后续信任修复中，修复方式和有无欺骗交互影响后续善意信任信念和后续正直信念。

上述研究发现单纯的修复方式研究，导致修复效力存在高度的不稳定性。信任修复方式的研究，通过与情境因素的结合，提高了修复方式、策略的针对性和适用性。但现有文献对修复情景因素的发掘还非常有限，主要集中于违背类型的划分（如表 2 - 4 所示）。

表 2 - 4　　不同违背类型下信任修复研究汇总（根据文献资料整理）

研究人员	违背类型划分	研究方法	研究内容
露维奇和巴恩科（Lewicki & Bunker，1996）	谋算型信任违背、了解型信任违背和认同型信任违背	理论分析	不同发展水平的信任修复特点及难易程度
吉姆等（Kim et al.，2004）	能力信任违背和品质信任违背	实验研究	道歉与否认在不同违背类型中修复效果的差异表现
吉姆等（Kim et al.，2006）	能力信任违背和品质信任违背	实验研究	将道歉分为内部归因道歉和外部归因道歉，以及否认在不同违背类型中的修复差异
费林等（Ferrin et al.，2007）	能力信任违背和品质信任违背	实验研究	分析道歉、否认、沉默在不同违背类型中，信任修复的差异表现
劳恩特等（Lount et al.，2008）	初始（immediate）违背、早期（early）违背和晚期（late）违背	实验研究	信任破坏时点不同，导致信任修复难易程度不同
汤姆林森和迈尔（Tomlinson & Mayer，2009）	能力信任违背、善意信任违背和诚实信任违背	理论分析	基于归因理论，不同违背类型下，修复方式和策略的差异

在能力信任违背条件下，内部归因的道歉比外部归因有效，道歉比否认有效。在品质信任违背条件下，外部归因道歉比内部归因有效，否认比道歉有效。在不同的信任违背类型下，沉默发挥信任修复的作用均处于中间状态（Kim et al.，2004）。

从归因的角度分析，善意和真诚信任违背具有归因的稳定性与可控性，与之相比能力信任的破坏更容易修复。因而，信任修复的策略应避免产生破坏善意和诚实认知的结果，将信任违背的发生归因于外在因素、不可控性和不稳定性（Tomlinson & Mayer，2009）。

朗特（Lount et al. ，2008）和雷维奇（Lewicki & Bunker，1996）的划分方法，都考虑了时间因素对信任发展水平的影响。雷维奇认为由低到高三种信任水平的破坏，修复难易程度逐渐增加。谋算型信任出现于关系初期阶段。了解性信任基础是基于对他人行为的可预测性。而认同信任的基础是特征共享和价值观念趋同。如果信任破坏的原因，打破了既有关系的价值体系，并且受害方的感情将受到极大的创伤，此时信任修复最为困难。而朗特则认为在信任建立的初期，因为首因效应的影响，对方将产生恶劣的第一印象，信任修复比发生于较晚时间点的信任违背要困难。

2.5.2　产品伤害危机应对策略及其效应

目前，在产品伤害危机背景中，国内外主要存在以下学者对应对策略的研究：

斯莫克斯和克兹巴德（Siomkos & Kurzbard，1994；1999）提出四类产品伤害危机应对方式：坚决否认缺陷、政府强制召回、企业主动召回、积极承担责任。实证研究发现，主动召回产品和积极承担责任比否认产品缺陷和政府强制召回，能有效降低消费者对企业的责任感知。

达沃和皮诺拉（Dawar & Pinutla，2000）提出企业危机应对方式从坚决否认到积极承担责任，中间存在模棱两可的应对策略。明确承担责任是企业表明承担责任，向消费者及利益相关者道歉，并采取主动召回产品、免费替换等补救措施。

王晓玉等（2006）认为产品伤害危机应对主体包括企业和专家，应对方式为"有事件、无应对""有事件加企业应对""有事件加专家应对""有事件加企业和专家双重应对"。实验证实，产品伤害危机及其应对方式负面影响事件产品进入消费者考虑集；"有事件、无应对"对比"没有发生危机事件"，负面影响事件产品进入消费者考虑集和偏好顺序；企业应对、专家应对，以及双重应对正面影响事件产品进入消费者考虑集。王晓玉等（2008）通过牙膏和手机两次现场实验证实，专家响应的影响在不同产品类别中存在差异；企业响应只能够影响危机产品能否进入消费者考虑集；而企业和专家双重响应能够帮助危机产品恢复其在消费者考虑集中的偏好顺序，但进入考虑集的可能性还是显著低于危机发生前的水平。

井淼等（2009）通过实验研究发现，产品伤害危机中，不同危机应对策略对品牌资产中各个维度产生的影响存在差异。明确承担责任策略对品牌态度的影响更大，而明确否定策略对感知质量和品牌忠诚的影响更大。

方正（2007b）分别针对他所提出的可辩解型和不可辩解型产品伤害危机，基于案例分析，归纳了各自相应的应对方式，应对主体划分为企业、行业协会、专家团体和政府。不可辩解型产品伤害危机中，应对主体中没有"外界应对"；应对方式包括坚决否认、强制召回、主动召回和积极承担责任。可辩解型产品伤害危机的应对主体包括外界和企业两类；应对方式包括：公开致歉、积极澄清、置之不理、否认反驳。方正（2007a）通过实验证实，有外界应对好于无外界应对，政府应对优于其他外界应对方式，顾客购买意愿降低程度最小；置之不理对比纠正措施、积极澄清、对抗反驳三种方式，顾客感知危险最高，购买意愿最低；积极澄清优于对抗反驳，但纠正措施与对抗反驳无差异。方正等（2010）通过实验研究发现，在可辩解的产品伤害危机中，最优应对策略为辩解策略，不可辩解的产品伤害危机中最优策略为和解策略。

2.5.3　企业声誉对危机应对策略的影响

主要研究内容是关于原有企业声誉（及相关变量）与危机应对策略之间的交互作用，对消费者态度、购买意向、品牌资产、认知价值等结果变量的影响。汇总整理如表 2 - 5 所示。

表 2 - 5　　　　企业声誉等相关变量与危机应对策略交互作用文献汇总

作者	研究方法	危机类型	影响的结果变量	应对策略	调节变量	研究结论
达沃和皮努特拉（Dawar & Pinutla, 2000）	实验研究	产品伤害危机	品牌资产	清晰的支持策略、模糊的反应策略，和明确的拒绝策略	企业原有期望（高、低）	与否认策略或模棱两可的态度相比，只有积极明确地承担责任才能保护品牌资产；消费者对应对方式采取的应对方式与危机应对品牌资产无关，品牌期望越高，危机应对给危机造成的损失越小。
崔金欢和符国群（2002）	实验研究	同上	品牌资产	明确承担责任、模棱两可，明确不承担责任	企业原有预期（强、弱）	采用 Dawar 和 Pinula 的分析框架和两项实验，研究结论也与该研究一致。
里昂和卡梅伦（Lyon & Cameron, 2004）	实验研究	企业社会责任相关的负面信息报道	消费者对企业态度、购买意图和投资意向	道歉和防御	企业社会责任（良好，不良）	与不良声誉的企业相比，良好的声誉有利于形成更有利的购买意向。良好声誉企业面对负面报道，良好声誉的企业能够对企业态度和更强的采取积极的影响。不良声誉的企业如果采取了道歉的策略，企业态度将受到更严重的破坏。

续表

作者	研究方法	危机类型	影响的结果变量	应对策略	调节变量	研究结论
迪恩（Dean，2004）	实验研究	产品伤害危机	消费者态度	恰当和不恰当	企业社会责任感（好与坏）危机的严重程度	只要前期的公司声誉是良好的，无论公司是否采取了恰当的反应策略，消费者对声誉不良企业的态度比良好声誉企业的态度更加积极。当采取不恰当的策略，也将承担更加严重的后果。
库姆斯（Coombs，2005）	主观推测	企业危机	无	不存在和疏远战略、迎合战略	关系历史声誉	提高两种战略的有效性
劳弗和库姆斯（Laufer & Coombs，2006）	理论分析	企业危机	无	积极承担责任和自愿召回	品牌知名度、性别、不确定性规避	应对策略选择受到多种因素影响：企业应对知名度高，消费者以女性为主，不确定性规避行为高，适合采取积极承担责任的应对方式；企业知名度、有正面声誉，消费者以男性为主，则采用主动召回的应对方式。
吴锋（2007）	实验研究	原材料用料不足牙膏导致呕吐	认知价值	补救行为（高修复，低修复）	消费者忠诚度（忠诚、非忠诚）	对于忠诚消费者，只要是正面的修复策略，都会提升消费者的认知价值。而对于非忠诚消费者，一般的正面修复（仅限于口头道款和简单的应对）不能增加消费者认知。

作者	研究方法	危机类型	影响的结果变量	应对策略	调节变量	研究结论
方正等（2010）	实验研究	可辩解型（牙膏含有害物质）和不可辩解型	品牌资产	应对策略（辩解、和解和沉默）	企业声誉	在可辩解的产品伤害危机中，最优应对策略为辩解策略；不可辩解的产品伤害危机中最优策略为和解策略。企业声誉对应对策略对品牌资产的调节正向积极作用。
方正等（2011）	实验研究	牙膏含有害物质	品牌资产	辩解、攻击、缄默、和解和有无外界澄清	企业声誉	在可辩解的产品伤害危机中，最优的是辩解策略，其次是攻击策略和缄默策略，最差的是和解策略；外界澄清能淡化保护品牌资产，在无外界应对采取辩解策略时，企业声誉会正向调节应对策略对品牌资产的影响；更有利于企业风险应对发挥了中介作用。

2.6　研究述评与研究机会

综上所述，企业声誉在危机中的作用分析主要包括两个方面：一是企业声誉在危机情景中的作用表现；二是企业声誉对企业应对策略作用发挥的影响。目前，已有的研究存在以下不足：

（1）在危机管理的研究领域，更多的研究是将声誉作为危机影响的结果变量，探讨危机产生对声誉带来的负面影响，而直接对原有企业声誉作用进行分析的研究相对有限。

虽然企业声誉与其他某些变量（品牌熟悉度、品牌知名度、企业社会责任、原有期望、消费者—企业认同度、品牌承诺、品牌资产、消费者购买类型、品牌忠诚）之间存在关联，但是也存在差别。企业声誉是企业通过长期累积所形成的消费者对其一致性的评价。良好的声誉能够提升消费者对产品品质的认知，在消费者购买产品无充分信息的情况下，消费者的购买决策主要依靠企业的声誉来判断产品的质量；降低消费者购买风险，增加购买信心（Herbig & Milewicz，1993；Bennett & Gabriel，1999）。

产品伤害危机主要表现为产品（可能）存在安全性问题，产生的根源在于企业行为过错或企业外部因素。因此，企业过往累积的良好声誉在危机中必然发挥了作用。尤其是在危机爆发初期，当产品安全性和责任归因尚不清晰时，发挥了怎样的作用？现有的研究对此知之甚少。

（2）原有不良声誉进一步加剧危机的负面影响，这一结论已经得到一致性验证（Coombs & Holladay，2006；Klein & Dawar，2004）；而关于原有良好声誉作用表现的研究结论存在矛盾和分歧；同时，缺乏对导致作用差异的调节因素，以及作用机制的探究。

原有良好声誉对消费者归因及其他结果变量的影响作用，可以划分为账户功能、保护作用和破坏作用。前两种可视为原有良好企业声誉的积极作用，后者为消极作用。文献中，原有良好企业声誉的账户功能得到了验证。而保护作用和破坏作用的研究结论存在矛盾和分歧。

首先，账户功能是指就像银行一样将企业过去良好的表现积累的良好声誉储蓄起来，当危机发生后就会从储蓄中被扣减。但是，因为良好声誉比一般声誉和不良声誉储蓄量要高，因此危机后企业声誉账户还是比一般声誉和不良声誉高。导致危机后购买意愿（siomkos & Kurzbard，1994）、品牌资产（王晓玉，2011）、消费者态度（Dawar & Pillutla，2000）等结果变量要高。在许多文献的研究中，都是对比不同品牌声誉下，危机发生后品牌评价或者消费者态度购买意愿；等等。而品牌忠诚度与熟悉度越高的消费者，危机发生后仍会选择购买该品牌产品的意愿越高（Cleeren et al.，2008）。

其次，保护作用是指原有良好企业声誉能否消除或减弱危机带来的负面影响。面临相同危机，是否高声誉的企业就比低声誉的企业，受到的损失小。破坏作用是指原有良好声誉加剧了危机带来的负面影响。

支持原有良好企业声誉发挥保护性作用的研究：品牌声誉越高消费者对产品缺陷的危机感知越小，认为企业应当承担的责任程度越低（Siomkos & Kurzbard，1994；Siomkos，1999）。原有品牌知名度越高，消费者越倾向于企业外部归因。与不良企业声誉相比，良好声誉和一般声誉的企业，在面临责任不清的危机时，更倾向于将责任归因于企业外部因素，从而降低对企业的责备，危机发生后受到的负面影响较弱。不良声誉的品牌在发生危机后，发生了库姆斯（Coombs）所称的"粘连效应"，消费者倾向于将责任归因于企业内部，企业受到的责备程度最高（Laczniak，2001；Laufer et al.，2009）。企业声誉在危机中发挥了晕轮效应，消费者认为原有企业声誉越高，危机信息的真实性越值得怀疑，难以相信（Fombrun & van Riel，2003）。消费者企业认同程度在一定程度上，促使消费者抵制中等严重程度的曝光信息（Einwiller et al.，2006）。在与产品质量相关的危机中，无论品牌熟悉与否都会导致品牌评价的下降，但是熟悉的品牌评价下降程度比不熟悉的品牌小，并且下降后的评价也显著高于不熟悉的品牌（Dawar & Lei，2009）。在危机归因中，品牌忠诚度越高，消费者越倾向归因于外部、不可控、不稳定的因素（王丽丽等，2009）。

支持原有良好声誉未发挥保护的作用，甚至发挥了破坏作用的研究：库姆斯和霍拉迪（Coombs & Holladay，2001）、克雷恩和达沃（Klein & Dawar，2004）通过实验验证，良好的声誉与中立的条件没有差异。良好的声誉并没有给企业带来额外的利益，却导致了更高的责任归因（Velcro Effect）。库姆斯和霍拉迪（Coombs & Holladay，2006）发现归因不清的条件下，良好的声誉并没有积极影响责任归因，消费者反而将责任归因于企业。并且，在人为导致的危机中，即使企业拥有良好的声誉，但是消费者对企业责任的认定也不会等同于外部技术因素导致的危机。瑞伊和豪斯希尔德（Rhee & Haunschild，2006）利用美国汽车市场发生召回的若干品牌的市场数据得出的研究结果一致，原有品牌资产越高，反而危机给品牌造成的负面影响更为严重。王晓玉（2011）基于期望差异理论，发现在相同的危机情境中，高的品牌资产不但没有发挥保护的功能，反而加剧了危机的负面影响。

最后，在库姆斯（Coombs）和瑞伊（Rhee）的研究中，仅仅分析了原有声誉的作用表现，而没有分析"为什么"。仅有我国学者王晓玉（2011）研究品牌资产在危机中发挥的作用及作用机制。王晓玉借鉴认知同化和期望不一致理论，最终分析认为原有良好声誉发挥了破坏作用。但是，在实验研究中，作者所选择的危机情景具有局限性，结论效度受到质疑。并且，也需要从其他视角分析原有企业声誉发挥保护和破坏作用的机制。

（3）现有文献中，对原有企业声誉作用的研究缺乏对产品伤害危机类型的细分，并且在某些实验研究中存在缺陷，研究结论有待于进一步验证。

库姆斯和霍拉迪（Coombs & Holladay，2006）的实验设计中存在严重缺陷，实验所选择的危机事件本身可能就都存在较强归责于企业的倾向。因为作者所选择的两个危机事件是游乐园内过山车发生脱轨事件和超市货架商品倒塌事件。笔者基于这两个事件对学生进行调查，在没有给出任何有关事故发生的可能性原因下，让被试自己分析事故发生的原因。有效调研对象总数为 73 人，其中 66% 的被试认为过山车出轨是由于日常检修不仔细，87% 的被试认为货架倒塌的原因在于货架码放不整齐导致。这是由于被试对该危机事件知识的缺乏或者以往对此类危机的了解和认知，做出的直接判断。如果给出了其他存在可能性的原因，会发生在归因理论中提出的"折扣效应"。从归因的过程看，消费者更加关注事件本身的若干信息对归因的影响，只有当消费者对自己拥有的危机信息不足以判断，真正感知归因模糊不清时，声誉才发挥影响归因的作用。我们思考在难易不同的归因任务中，原有企业声誉作用是否发生变化？在产品伤害危机类型划分时，劳弗（Laufer）提出了模糊不清的产品伤害危机，多发于产品伤害危机发生的初期。因此，我们需要进一步分析，危机情景中原因的模糊性是否调节了原有声誉发挥的作用；在模糊不清和责任清晰的危机情景中，原有声誉的作用和作用机制是否存在差异。

（4）企业声誉对应对策略修复效应的影响，尚且没有一致性结论；并且，缺乏通过对不同产品伤害危机情景的划分，分别分析企业声誉对应对策略选择和修复效应的影响。

现有的研究已经证实恰当的应对策略能够发挥积极的修复作用，不恰当的应对策略给危机后的企业造成了进一步的破坏。斯莫克斯和克兹巴德（Siomkos & Kurzbard，1994；Siomkos，1999）的四种应对方式中，主动召回产品、积极承担责任比否认产品缺陷和政府强制召回，能有效降低消费者对企业的责任感知和风险感知。迪恩（Dean，2004）研究发现企业无论原有声誉如何，只有采取了正确恰当的反应策略才能削弱危机的发生对企业造成的影响；声誉良好的企业当采取不恰当的应对策略，也将承担负面的后果。王晓玉等（2008）认为企业危机应对方式体现的努力程度越低，负面信息效应就越大。方正等（2010）的研究，分别在可辩解型和不可辩解型的产品伤害危机中，提出并验证了最优应对策略。

研究声誉对危机应对策略发挥效力调节作用的文献相对有限，缺乏通过对危机情景的划分，分析在不同危机类型中，原有企业声誉对应对策略修复效力的影响。库姆斯（Coombs，2005）认为关系历史声誉强化应对策略的修复作用，但仅是一个主观推论，缺乏实证检验。里昂和卡梅隆（Lyon & Cameron，2004）验证良好声誉下的企业无论企业采取何种策略，即使采取了不恰当的危机应对策略，最终消费者态度、购买意愿等都将高于一般声誉与不良声誉的企业。达沃和皮诺拉（Dawar & Pinutla，2000）、崔金欢和符国群（2002）的研究认为，良好声誉的企业即使采取了模棱两可和否认的应对策略，品牌资产受到的损失也较小。虽然作者并没有对产品伤害危机进行分类，但是通过仔细研究，该实验中所设定的危机情景为销售商销售过期产品导致的危机和危机产生原因尚不清晰的产品伤害危机。因此，企业采取模棱两可的策略和否认策略，对于这两类危机并不能认为是不当策略，该应对策略非但不会发挥负面影响，反而发挥了正面积极的影响，品牌资产损失也较小。因此，该文献并没有真正涉及在责任明确并且是企业内部可控原因导致的危机类型，如果企业采取了否认和模棱两可的应对策略，那么原有企业声誉将会发挥保护作用，还是发挥破坏作用？同时，原有良好企业声誉是否能够提升恰当应对策略的积极修复效应呢？方正等（2010）在可辩解型和不可辩解型的产品伤害危机中，分别研究证实了企业声誉增强了最优应对策略的积极作用。但是，危机情景的选择缺乏对责任清晰产品伤害危机的进一步细分。

综上所述，因为此类研究的有限性和现有结论的矛盾性，需要从新的视角深入探析原有声誉在危机中的作用表现和作用机制，使我们能够清晰地认识和了解原有声誉究竟在不同的危机情景认知的过程中，发挥了怎样的"化学反应"，影响了危机对企业产生的破坏作用；并且，在危机应对阶段，如何影响了危机应对策略的选择和发挥的修复效果。本次研究关注和希望解释的问题是：原有良好企业声誉在危机中发挥了保护作用还是破坏作用？危机情景是否调节了作用的发挥？在不同的危机类型中，原有良好企业声誉发挥作用的机制存在何种差异？在不同危机情景中，原有良好企业声誉如何调节应对策略的选择和修复效果？

第 3 章

立论前提与研究设计

本章主要界定了本次研究边界、研究内容和研究设计。依次分析了危机爆发后，影响消费者态度转变的两个阶段；根据产品伤害危机现实案例分析和以往产品伤害危机情景分类，提出了本次研究中对危机类型的划分；基于以往研究文献，对原有企业声誉的作用进行划分；阐释了态度强度理论、反说服机制模型、归因理论和期望不一致理论的理论启示；分析了产品伤害危机应对策略的选择；描述本次研究的研究架构；最后，阐述了本次研究的实验设计。

3.1 危机爆发后影响消费者态度转变的两个阶段

企业危机发展具有动态性。根据危机管理学者斯蒂文·芬克的危机生命周期理论，产品伤害危机的生命周期可以划分为：潜伏期、爆发期、持续期和恢复期（胡百精，2009）。潜伏期，即存在潜在危机，是危机爆发前各种诱发因素相互作用，破坏性能量由量变到质变的累积阶段。一般情况下，此阶段会出现危机征兆，但有时产品伤害危机的征兆具有很强的隐秘性，较难识别与预测。爆发期，即危机经由某些事件刺激大规模爆发，对企业的破坏程度快速上升的阶段。刺激事件可能是政府权威部门的产品质检结果、媒体质量调查结果（如3·15晚会）、权威科研机构对产品安全的质疑，等等。持续期，即危机经过一段时间的缓冲，虽然企业采取了相应对策，但是危机的负面影响没有得到抑制，影响范围仍在持续扩大，并波及其他领域。危机对企业的负面影响在此阶段的后期达到峰值，随后开始下降。痊愈期，即经过恰当的危机处理后，危机的负面影响受到控制，弱化到危机爆发前的水平。

迈耶斯和赫鲁沙（Meyers & Holusha，1986）也指出企业危机管理的三个阶段：第一，预危机阶段，危机已经发生，但是企业尚未回应；第二，危机阶段，企业根据危机情景采取危机应对策略；第三，后危机阶段，危机对企业的影响尚未结束，企业对危机处理的过程进行反思总结和学习。王志良（2010）将第一阶段称为危机信息阶段，是指危机发生到企业初步回应阶段，消费者根据媒体的报道形成对危机情景的初步认知；第二阶段称为危机处理阶段，是指企业通过对危机评估后采取相应的应对策略和措施的过程。

我们借鉴王志良的划分方法，将危机爆发后的第一阶段称为危机情景初步认知阶段，指危机爆发到企业初步回应之前的阶段；第二阶段为危机初始应对阶段，指企业根据危机评估采取初步应对策略的阶段。有关危机持续期和恢复期的应对策略调整，在本次研究中暂不分析。因此，在危机爆发期，影响消费者态度转变的两个关键因素为：

一是危机情景认知，危机情景属性。危机情景中，按照危机发展演进不同阶段的特点，分为责任模糊不清和责任清晰的产品伤害危机，并且在责任清晰的产品伤害危机，根据归因属性的不同还可以进一步区分，企业责任程度越高，危机给企业带来的负面影响越大。

二是危机爆发后，企业采取的初步危机应对策略。在全面深入了解危机的基础上，企业及时采取初步应对措施。企业应对的根本目标就是保护企业在危机中免受伤害，转危为安。库姆斯（Coombs）认为企业的应对措施必须与不同的危机特性相匹配。

因此，本次研究根据这一思路，分别分析原有良好企业声誉在消费者对危机情景属性认知阶段（危机爆发但企业尚未采取初步回应）和危机应对策略选择和修复效应发挥阶段（企业根据危机情景初步选择应对策略）的影响作用。

3.2 产品伤害危机现实案例汇总与分析

1. 产品伤害危机案例汇总

我们对 2004～2013 年能够有资料可查的产品伤害危机（事件），进行了汇总整理（见附录中的表格）。主要资料来源为新浪财经专题、王晓玉（2011）、方正（2007b）、方正等（2010）研究中涉及的产品伤害危机案例。通过现实案例分析，产品伤害危机的特征可以从以下的几个方面描述：是否群发性危机、源发地、信息源、导致产品存在安全性问题的原因、权威机构认定结果、危机造成的显性或隐性伤害结果、应对策略（汇总内容见附录）。根据不同的分类依据，产品伤害危机可以有多种分类方式。

2. 产品伤害危机的源发形态

引发产品伤害危机的事件起因具有多样性，在现实的案例中包括消费者、媒体、国家政府机构、社会检测机构、社会团体、非政府组织、科研机构、社会环境、记者、内部员工、企业自身等；甚至有些危机的产生无从确定信息的最初来源。

其中，政府监管机构、研究机构、消费者是引发产品伤害危机的最主要的信息来源。下面选择其中的几类进行分析和说明。

（1）消费者。消费者受到显性伤害或认为受到隐性伤害，通过投诉、诉讼或负面口碑传播进行表达；并且该信息得到传统和新兴媒体的广泛传播和关注。

一类产品伤害危机的起因在于消费者在消费和使用产品之后，给消费者身体健康、生命安全产生了身体健康受到伤害的显性症状。如 2013 年爱尔康隐形眼镜限质量门；2012 年金仕奇补钙却导致婴儿佝偻病危机，消费者投诉孩子在服用金仕奇补钙产品的同时，却出现了钙缺乏佝偻病的症状；2010 年雪碧含汞危机，消费者在喝完雪碧后出现了汞中毒的症状；2010 年帮宝适纸尿裤导致婴儿湿疹，消费者投诉在使用帮宝适纸尿裤后，孩子出现湿疹症状；2010 年圣元奶粉导致婴儿性早熟，消费者投诉圣元奶粉导致自己的孩子出现了性早熟的症状；2009 年宠物狗吃优格狗粮吐血死亡，消费者投诉自己的狗狗在吃完优格狗粮后，发生食物中毒症状；2009 年惠氏奶粉导致婴幼儿结石，消费者诉讼怀疑惠氏奶粉导致自己宝贝结石；2008 年三鹿三聚氰胺毒奶粉，消费者投诉喝三鹿奶粉导致婴幼儿结石；2008 年维维大亨奶致毒危机，消费者在喝完该牛奶后出现腹泻。

另一类产品伤害危机的起因在于消费者认为该产品存在安全隐患，可能会对自身健康和生命安全带来危害。如 2004 年雀巢巧伴伴含转基因产品，消费者起诉雀巢中国地区销售产品没有标志是否转基因产品；2004 年可口可乐含精神药物，消费者起诉可口可乐产品中含有能够合成精神药品的成分，危害了自身的健康。

（2）国家相关机构和部门。国家相关机构定期发布的检测结果或者根据消费者投诉记录，通过媒体公布产品质量信息；或者国家相关机构根据消费者投诉历史记录，发布产品质量信息。每个国家和地区都有相应的产品质量监督和管理的机构和部门，这些政府部门会对市场上流通的产品质量进行检验和监测，并将结果通过媒体公布，如中国的国家质检总局（由国家质量技术监督局与国家出入境检验检疫局合并而成）、国家食品药品监督管理局等。现实危机中，很多案例的信息源发于政府部门对产品安全性问题的发布。典型案例包括：2013 年深圳康泰乙肝疫苗致死案；2013 年同仁堂多产品汞超标；2012 年零度可乐浓缩液含违禁防腐剂；2011 年东洋之花面膜含氢醌；2011 年雀巢牛奶含菌超标；2011 年塑化剂危机；2011 年苏泊尔炊具锰超标；2011 年燕之屋血燕含亚硝酸盐；2011

年韩泰轮胎易发生爆胎；2011 年韩国每日乳业牛奶含甲醛；2011 年蜀中制药苹果皮造板蓝根；2010 年丰田汽车召回；2009 年统一农夫砷超标；2009 年美赞臣百事进口食品不合格；2009 年肯德基麦当劳榨油含砷；2009 年零度可乐含甜蜜素；2009 年白加黑等多种感冒药有副作用；2009 年章光 101 含致癌物；2009 年益力多酸奶含糖过高；2009 年味全奶粉含高危病菌；2008 年雀巢食品现死虫；2008 年品客薯片含溴酸钾；2008 年可口可乐苯甲酸超标；2007 年诺亚方舟产品含致癌物；2007 年三洋微波炉含致癌物；2007 年大白兔奶糖含甲醛；2007 年眼力健全能护理液疑致角膜炎；2007 年纯正堂维 C 银翘片质量风波；2007 年西安杨森止痛药可能致死；2007 年品客薯片含溴酸钾；2007 年依云细菌超标；2007 年乐事细菌超标；2006 年麦当劳薯条检出反式脂肪酸；2006 年眼力健全能护理液遭细菌污染；2005 年肯德基辣椒酱含苏丹红。

（3）媒体。媒体根据举报、存在某些行业的社会现象进行调查，并将结果通过各种媒介公布于众。媒体是企业和公众之间信息沟通的主要通道，增加了企业和消费者之间的信息透明度。同时，对企业行为进行新闻舆论监督，保护消费者的利益是媒体义不容辞的责任。每年 3·15 晚会，我们都能看到很多行业和企业内幕是媒体记者冒着生命危险通过暗访的方式挖掘出来的。典型的危机包括：2013 年汇源"瞎果"果汁事件；2012 年药用胶囊铬超标；2010 年霸王洗发水含二噁英；2004 年巨能钙检出双氧水。

（4）社会检测机构、社会团体、非政府组织、科研机构。社会研究机构的研究报告和研究结论、社会检测机构对产品的检测结果、社会团体公益组织的倡议或者对某产品原材料的抵制都有可能造成产品伤害危机的发生。典型案例包括：2013 年同仁堂、云南白药等中草药农残超标；2012 年立顿茶高毒农药残留；2011 年肯德基全家桶增白剂超标；2010 年霸王洗发水含二噁英；2009 年可口可乐产品杀虫剂超标；2007 年迪奥口红铅超标；2006 年亨氏婴儿营养米粉被曝含转基因；2005 年部分牙膏含三氯生致癌；2004 年特富龙不粘锅受质疑；2002 年雀巢使用转基因产品。

（5）企业自愿召回。企业根据消费者投诉和产品反馈信息，认为产品存在安全隐患，并对产品进行主动召回。企业主动召回的行为一方面承认产品存在安全性问题，同时也体现了企业对消费者利益的社会责任感。典型案例包括：2012 年宜家频繁召回遭安全质疑、2010 年强生药品召回、2010 年通用汽车召回、2010 年强生召回日抛隐形眼镜、2008 年默克中国问题疫苗、2006 年星巴克主动召回不合格咖啡壶。

（6）社会环境的变化。社会环境的变化也会让企业陷入产品伤害危机中，如当一个地区查出了口蹄疫，该地区与猪肉相关的产品销售都会受到影响，消费者陷入与此类产品的恐慌之中。典型案例包括：2004 年肯德基麦当劳全球遭遇禽流感。

3. 其他产品伤害危机类型的划分

根据危机中，是否造成显性的伤害结果，划分为已经造成显性伤害的危机、造成隐性不可见伤害的危机。在很多的产品伤害危机中，如产品某些成分超标、发现违禁添加剂、检测出有毒物质等，这些产品已经给消费者的身体健康带来了危害，但是往往是隐性不可见的，不会立即表现出中毒症状。一般而言，这种危害对企业而言，也是无法估测和弥补的，反而给企业应对危机增加难度。因为，企业无论如何道歉、补偿，都无法使消费者内心感到"公平"，影响应对效果。

根据危机始发区域划分为：在国内爆发的产品伤害危机、产品进口引发的产品伤害危机和大陆区域以外爆发的输入性产品伤害危机。

3.3 产品伤害危机爆发后消费者所关注的关键问题

通过危机情景的案例分析，产品伤害危机发生后，影响消费者态度转变的关键问题是：第一，产品的安全性结论可靠性和信息真实性分析；第二，企业行为属性分析（责任归因、意图性分析）；第三，企业该行为再次发生的可能性分析。这些关键性问题的分析结果将影响消费者态度的转变（如图 3-1 所示）。

第一，产品安全性问题分析。产品是否存在安全性问题，是消费者遇到产品伤害危机最终寻求的结果。产品安全性分析与责任归因区分的原因在于不同的产品伤害危机情景中，如果产品伤害事件不存在显性的伤害结果，就不存在责任归属的问题。心理学中，归因是人们通过知觉、分析和推断等内部信息，根据行为或事件结果确认结果原因的认知过程。如果产品伤害事件存在显性的伤害结果，如消费者腹泻入院、汽车车祸交通事故、冰箱爆炸等，那么消费者就会寻求结果产生的根本原因，进行责任归因。往往在这种危机的情景中，责任归属和产品安全性分析无法区分为两个独立的思维过程，责任归属是产品是否分析安全性问题的判断依据。当责任归因于企业时，产品必然存在安全性问题。在不存在显性伤害结果的危机情景中，不通过责任归因过程来判断产品是否存在安全性问题，只存在通过信息分析产品是否存在安全隐患。

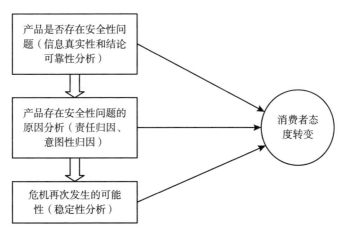

图 3-1 影响消费者态度转变的因素

第二，企业行为属性分析。企业行为属性分析的前提是产品的确存在安全性问题。如果有充分权威的证据显示产品是安全的，则无从分析企业行为属性。因此，当产品存在安全性问题时，消费者分析的是企业的什么行为原因导致问题的产生。

借鉴归因理论中，归因属性的四个维度分析导致产品存在安全性问题的企业行为属性，包括两个方面：责任归属和意图性。责任归属包括归因部位和可控性分析。其中，可控性判断是企业是否存在责任的关键；如果归因的部位是企业自身，企业对自己的行为都具有可控性，因此企业对危机负有责任；如果归因于供应商和合作商，而且企业对合作伙伴的行为具有一定的可控性，同样企业也要承担一定的责任。意图性分析是对企业行为可控性分析之后的深层次判断，企业行为的主观意图。意图性归因的提出和解释在前面已经详尽介绍，在此不再赘述。

第三，危机再次发生可能性分析。危机再次发生的可能性是对企业未来行为和未来产品安全性的判断，是对该危机事件是否反映企业或品牌内在特质的重要评判因素。这一变量是危机发生后，影响消费者态度和购买意愿的重要因素。危机再次发生的概率越高，消费者感知的风险也就越大，危机后消费者态度和购买意愿越低（Jorgensen，1994；1996）。

3.4 本次研究中产品伤害危机的分类

根据归因理论并结合劳弗（Laufer）的分类方法，消费者面对产品伤害危机时分析问题的模式，划分为产品分析层和原因分析层：第一阶段，分析企业生产的产品是否具有安全性问题（分析依据是权威机构证实企业生产的产品是否符合国家相关安全标准，或者权威机构证实企业生产的产品和伤害结果（安全隐患）之间是否存在因果关系）；第二阶段，如果产品存在安全性问题，那么导致产品存在问题的原因是什么，即分析产品存在安全性问题的原因。

根据产品安全的模糊性和原因的模糊性，将产品伤害危机划分为模糊不清的产品伤害危机和原因清晰的产品伤害危机。模糊不清的产品伤害危机又包括产品安全性模糊不清的产品伤害危机和产品不安全但原因模糊不清的产品伤害危机。原因清晰的产品伤害危机，从产品是否存在安全性问题与企业是否存在过错的角度，分为产品不存在安全性问题、企业不存在过错的产品伤害危机和企业过错行为清晰的产品伤害危机。

1. 模糊不清的产品伤害危机

借鉴劳弗的分类思想，我们结合现实案例扩大了模糊不清的产品伤害危机涵盖的范围。产品伤害危机模糊不清的状态可以体现在产品安全性认定和原因认定两个方面。

因此，模糊不清的产品伤害危机包括两种类型：一是产品安全性模糊不清的危机；二是产品安全性问题已经明确，但导致产品存在安全性问题的原因属性模糊不清的危机，即产品不安全但原因模糊不清的危机。

劳弗的分类依据关注伤害结果发生后，责任的判定是处于模糊不清的状态。如果企业对伤害结果存在责任，那么产品必然存在安全性问题。劳弗提出的责任不清的产品伤害危机的特征是存在多种可能性因素导致伤害结果的发生。同时，尚且没有权威的证据显示是否是企业产品因素导致伤害结果的发生。此类危机中，企业责任判断等同于产品安全性的判定，如果企业存在责任，那么意味着企业提供的产品存在安全性问题。

在现实的产品伤害危机中，很多事件的特征是没有显性的伤害结果，危机的起因源于某组织或个人提供的产品检测结果不符合相关安全性标准，或对产品安全性的质疑，产品存在给消费者带来伤害的可能。如2004 年杜邦特氟龙不粘锅质疑有毒风波，美国环境署指控杜邦特氟龙材料生产中使用化工品 PFOA（亦名为全氟辛酸及其盐类化合物），怀疑存在安全风险，可能会给健康造成危害。在此类危机中，因为不存在显性的伤害结果，仅仅是对产品成分安全性的怀疑，就没有分析责任归属的问题，但是存在产品是否安全的判断。此类危机还包括，2012 年立顿茶高毒农药残留危机、2012 年老酸奶添加工业明胶危机、2012 年可口可乐含氯危机、2011 年韩国每日乳业牛奶含甲醛、2011 年肯德基全家桶增白剂超标等。所以，这种危机中不存在企业是否承担责任和责任程度大小的判定，但消费者会探究产品是否存在安全性的问题。因此，将其称之为产品安全性不清的产品伤害危机更恰当。

本次研究中，将以上这两种形式的产品伤害危机合并统称为产品安全性模糊不清的产品伤害危机。这种产品伤害危机特征是产品是否安全，尚且没有权威证据予以证实。

产品不安全但原因不清的产品伤害危机是已有充分证据表明产品存在安全性问题，但没有权威证据显示导致产品存在问题的根本原因，即导致问题产生的原因尚不明确。现实案例中，此类危机的特征是，产品已经被权威部门检测出产品不符合国家相关安全标准，但是企业和相关机构并没有给出相关信息表明产生和导致产品存在安全性问题的原因，或者存在多种原因导致产品安全性问题的产生。而不同原因的判定，将影响着消费者对企业责任大小程度的认定，直接导致危机破坏作用的高低。如 2012 年宜家频繁召回遭安全质疑、2011 年雀巢牛奶含菌超标、2011 年韩泰轮胎易发生爆胎、2010 年雅培奶粉含异物、2009 年宠物狗吃优格狗粮吐血死亡、2006 年果香情人梅二氧化硫超标等，这些危机的共同特点是产品存在安全性问题，但是对问题产生的原因均没有进一步的解释。

本次研究中，通过对信息源权威性的不同（消费者、大学研究小组和政府机构），操控两种模糊不清的危机类型。当信息来自消费者和大学研究小组时，由于产品检测的非权威性，属于产品安全性模糊不清的危机类型；当信息源来自于政府时，由于产品检测具有权威性，属于产品不安全但原因模糊不清的危机类型。这两种危机类型操控的有效性已经在预实验中得到了验证。

2. 导致产品伤害危机模糊不清的原因

第一，产品安全与否判定、责任认定和企业过错行为判定存在困难性。判断产品是否存在安全性问题主要依据国家权威部门对产品的检测和认定。一般而言，如果符合国家产品安全标准即不存在安全性问题；如果不符合国家标准即存在安全性问题。当然，如果企业道歉、承认错误、召回，表明危机的责任已经明确，产品存在安全性问题。

但是，不同国家和地区产品安全标准存在差异，或者某些产品安全标准缺失和不完善，这些问题都导致产品安全性难以判断。有的源发于国外市场的产品伤害危机，由于不同国家和地区检测标准存在差别，也无法完全判定产品的安全性。与美国等发达国家相比，我国产品安全标准相对较低。因此，在国外市场上认定为不安全的产品，在我国市场上，则是符合安全标准的。典型案例包括：2012 年上海生产的零度浓缩液进入台湾地区时，被查出添加违禁防腐剂，此危机事件发生的主要原因在于大陆地区和台湾地区的产品安全标准存在差异。因此，产品是否存在安全性问题也无法根据标准完全判定。目前，我国很多产品还存在安全标准缺失或有待完善的状态，没有可以依据的安全标准，消费者则更难以判断产品的安全性。典型案例包括：2011 年燕之屋血燕含亚硝酸盐。

有的危机虽然最终国家权威机构出具了符合国家安全标准的认定，但是不能完全解释事件中存疑的问题和完全辩驳质疑产品安全性的证据。典型案例包括：如 2009 年惠氏奶粉导致婴儿结石的危机，虽然最终国家权威机构认定惠氏奶粉不含有三聚氰胺，符合国家安全标准，但是无法解释为什么全国各地出现结石的若干婴幼儿都具有一个共同的特点，即都喝惠氏奶粉。惠氏奶粉是否安全，无从判断。再如，某研究机构通过实验得出某物质成分存在于某产品中，将会对人体健康造成影响，长期使用甚至致癌，但是该机构并不是权威的研究机构。企业为了保护自己，必然采取提供相应的反击材料，坚称产品的安全性。此时，消费者会相信谁说的呢？这种危机的情景，也应当是属于产品是否安全尚不清晰，只是有可能存在安全隐患。

导致产品伤害结果产生存在多种原因，伤害结果和多种原因之间的因果关系本身判定就非常困难。甚至，有的危机原因只要企业刻意隐瞒，不提供相关信息，就无法得出明确的结论。如 2010 年真功夫排骨原材料发现铁丝事件，真功夫称是供应商问题，而供应商称是真功夫自己在分割排骨时存在问题，该事件的真正原因无法做出定论。并且，国家政府机构在证实产品存在安全性问题后，更注重对企业的处罚和产品召回以保障消费者的健康安全，缺乏对导致产品安全性问题的企业行为的进一步调查。因此，也造成企业行为认定的模糊性。

第二，产品安全性判定、责任认定和企业行为判定需要时间。国家权威机构对产品的重复检测和确认需要一定的时间，有时确定结论的得出需要较长的时间。比如，苏泊尔炊具锰超标的危机，历时半年时间才给出最终的权威定论；雪碧含汞的事件，最终历时 2 个月警方才得出是人为投毒的结论，彻底还雪碧清白。再如，造成汽车事故的原因很多（路况、汽车本身存在质量问题、驾驶者的错误操作、天气条件；等等）。当事故发生后，责任的诊断往往非常困难，驾驶者一般不会轻易地承认是自己操作失误的问题，而判断真正的原因往往需要较长时间的技术测试。

3. 模糊不清的危机中，对"产品安全问题（原因分析）模糊性"的划分与操控

在对以往文献（王晓玉，2011；Coombs & Holladay，2006）的深入研究中，我们发现实验研究中做选择的危机情景材料均为当伤害结果已经发生，或者产品被检验出存在质量问题。根据防御性归因和基本归因偏向理论，此种情景表现为偏企业归因。我们将实验中的危机情景选择了若干消费者进行深度访谈，发现消费者对此类危机中导致伤害结果的原因有可能都有哪些，并不是很熟悉，最终导致企业的嫌疑最大。如库姆斯（coombs）中所选择的两个实验材料分别为超市货架倒塌和过山车出轨，让被试分析导致的原因，很多的消费者都无法分析多个原因，很多的人直接第一答案就是超市堆放的东西太多，操作存在错误和检修不当。在王晓玉的实验中，设计的危机情景是政府检测纸巾存在细菌超标，在深入访谈中，消费者都认为细菌超标是纸巾非常常见的质量存在问题的原因，而导致其产生的主要根源"生产过程中存在问题"的可能性最大。所以，在这些危机情景消费者感知的模糊程度较低，归因于企业的可能性很高。这也是为什么原有良好企业声誉没有发挥作用的原因。

基于此，我们希望通过对危机中模糊程度的进一步划分，更好的分析在模糊程度较高的危机中原有企业声誉的作用，提高了研究的信度和效度，并丰富研究的结论。根据凯利（Kelley）归因理论的"折扣效应"，当给出多个备择原因时，发生了"折扣作用"，各个原因偏向分析的可能性降低。根据认知过程中的信息凸显理论，当没有给出多种原因分析的信息时，危机情景中设计的中伤害信息得到了凸显，使防御性归因导向发挥了更大作用，导致危机情景的模糊性变小，形成偏企业责任归因的情景。

最终，通过危机信息来源权威性的差异和是否给出多种导致伤害结果的原因分析来对模糊不清的产品伤害危机进行操控。危机信息来源分别为消费者、大学研究小组和政府权威机构，通过是否给出多种原因分析进一步操控危机的模糊性。

4. 企业过错行为清晰的产品伤害危机

此类危机是指企业提供的产品存在安全性问题，企业对伤害结果负有责任，并且有充分清晰的信息显示导致产品存在安全性问题的企业行为。因为，本次研究的重点是分析原有良好的企业声誉在产品伤害危机中发挥的保护或破坏的作用，当产品不存在安全性问题和企业不存在责任时，危机的发生不会对企业和消费者态度与行为带来影响。因此，根据研究的需要，我们排除了上述两种类型的产品伤害危机。

产品质量是由体现产品所具有特征和特性的各种要素所组成的，反映了产品特性满足顾客要求的能力，具体指标包括使用性能、安全性、可用性、可靠性、可维修性、经济性等。产品安全性是产品质量指标体现的一个方面，因此影响产品质量的因素也是产品存在安全性问题的根源。根据产品价值链理论，可能导致产品存在安全性问题的因素可能发生于产品研发设计过程、原材料零部件采购过程、产品生产制造过程、产品运输保存过程、产品销售过程。

我们分别从产品价值增值的不同阶段总结如表 3 – 1 所示。

表 3 – 1　　　　　　　　产品存在质量问题的若干原因

影响产品质量的若干过程	具体的影响因素（基于现实案例分析整理）
产品研发设计过程	设计缺陷（核心技术和非核心技术）、技术失败
原材料零部件采购过程	原材料零部件本身存在质量问题、人员过失、人员渎职
生产制造过程	遭到污染、生产监管不严、设备故障、生产工艺技术落后、人员过失、人员渎职
产品运输保存过程	企业运输保存不当、第三方物流企业运输保存不当、人员过失、人员渎职
产品销售过程	销售商保存不当

其中，产品是安全的，企业不存在责任，导致危机的原因是：谣言、假冒产品、人为破坏和篡改产品、第三方物流企业保存不当、销售商保存不当。当产品不存在安全性问题，企业对危机的发生不负有责任时，则不会给企业造成危害。因为本次研究关注的是原有良好企业声誉在企业存在过错的产品伤害危机中发挥的作用。因此，此类危机不作为研究对象。

借鉴普林（Pullig et al.，2006）和沃特列托（Votolato & Unnava，2006）的研究，产品伤害危机中，企业存在过错的行为可划分为两大类，能力失败导致的产品伤害危机和道德不良导致的产品伤害危机。能力主要包括管理能力和技术研发能力：管理不严（管理能力）（生产、采购、运输保存）；技术失败（核心、非核心研发技术能力）。如果依据该能力是否是保证产品质量（安全性）的关键指标，能力也可以划分为非核心能力和核心能力。道德主要表现为企业的过错行为存在主观故意性。在库姆斯（Coombs，2004；2007）的分类中将企业犯罪、人为导致的危机都归入可避免的有意性的危机事件。但"道德不良"的表现是当消费者感知企业明确知道其行为发生可能或一定会给消费者带来伤害，但是依然为之，即主观上"不重视消费者利益"，如企业故意违反相关法律法规，企业明知员工渎职却采取放纵态度；等等。

结合现实案例中多发性的危机情景，选择三种有代表性的危机事件，分别体现危机类型中能力（核心能力和非核心能力）和道德的差异：第一，企业核心技术研发设计失败（核心能力失败）；第二，企业非核心技术研发设计失败（非核心能力失败）；第三，企业故意添加（道德不良）。

3.5 原有企业声誉在产品伤害危机中的作用表现

1. 原有良好企业声誉在产品伤害危机中的影响作用

根据对已有文献研究的整理、分析，我们认为原有良好企业声誉在产品伤害危机中的影响作用分为三类，即账户功能、保护作用和破坏作用。前两种可视为原有良好声誉的积极作用，后者为消极作用。

（1）账户功能。指就像银行里的账户一样企业过去良好的表现积累形成良好的声誉，并储蓄起来，当危机发生后对声誉造成损失，就会从声誉储蓄的账户中扣减。但是，因为良好声誉比一般声誉和不良声誉储蓄量要高，因此危机后企业声誉账户还是比一般声誉和不良声誉高。导致危机后购买意愿（siomkos & Kurzbard，1994）、品牌资产（王晓玉，2011）、消费者态度（Dawar & Pillutla，2000）等结果变量要高。在许多文献的研究中，都是对比不同企业声誉下，危机发生后品牌评价或者消费者态度购买意愿；等等。科里瑞恩（Cleeren et al.，2008）提出品牌忠诚度与熟悉度越高的消费者，危机发生后仍会选择购买该品牌产品的意愿越高。

总之，账户功能的体现是考察危机后购买意愿和消费者态度的绝对值高低差异。当原有良好企业声誉，危机后消费者态度或购买意愿的绝对值大于一般企业声誉的绝对值，表明原有良好声誉在危机中发挥了账户作用。

但是，账户作用并不能表明和体现原有良好声誉能否削弱或消除危机的负面影响。进一步采用消费者态度转变这一变量才能够能更加清晰、准确和完整的解释原有良好声誉所发挥的作用。我们进一步提出原有良好声誉的保护作用和破坏作用。

（2）保护作用。指原有良好企业声誉能否消除或减弱危机带来的负面影响。面临相同危机，是否良好声誉的企业就比一般声誉的企业，受到的损失小。而损失的测量，我们认为应当依据危机前后这些关键变量的变动程度。本次研究中选择考察的变量为消费者态度，因此保护作用的体现，应当是危机前后消费者态度变化降低的幅度。只有当原有良好企业声誉比一般企业声誉导致消费者态度变化小，才表示原有良好企业声誉发挥了保护的作用。

总之，保护功能的体现是考察危机前后购买意愿或消费者态度变动值（Δ值 = 危机后的购买意愿/消费者态度 − 危机前的购买意愿/消费者态度）的差异。只有当原有良好声誉的 Δ 值小于一般声誉的 Δ 值，表明原有良好声誉在危机中发挥了保护作用。

（3）破坏作用。指原有良好企业声誉加剧了危机带来的负面影响。面临相同危机，是否良好声誉的企业比一般声誉的企业受到的损失更大。破坏作用的测量是通过危机前后消费者态度变化降低的幅度来进行分析和对比。如果原有良好企业声誉比一般企业声誉导致消费者态度危机前后降幅更大，则表示原有良好企业声誉发挥了破坏作用。

（4）三种作用之间存在的关系。当原有良好声誉发挥保护作用时，因为原有良好声誉高于一般声誉，所以危机发生后原有良好声誉的消费者态度必然高于一般声誉，发挥了账户作用；当原有良好声誉发挥破坏作用时，虽然原有良好声誉高于一般声誉，如果破坏作用较大，将导致危机后两者之间的消费者态度并不存在差异，甚至原有良好声誉的消费者态度小于一般声誉，此时账户作用没有发生作用；当破坏作用较小时，危机后的原有良好声誉的消费者态度高于一般声誉，账户作用显现。

2. 原有不良企业声誉在产品伤害危机中的作用

斯莫克斯和克兹巴德（Siomkos & Kurzbard，1994）提出当一个知名品牌或者拥有良好声誉的品牌遭遇产品伤害危机时，危机的影响可能会减少，但是当一个不知名的品牌或者是拥有不良企业声誉的企业遭遇危机时，这种影响会是致命的。不良声誉的品牌在发生危机后，发生了"粘连效应"（Velcro Effect）。与良好声誉的企业相比，不良声誉的企业将遭受危机带来的更高的惩罚和破坏作用，消费者倾向于将责任归因于企业内部，企业受到消费者和公众更高的责备（Coombs & Holladay，2006；Klein & Dawar，2004）。

不良企业声誉的破坏作用，在众多的文献中已经得到了验证，本书不再进行重复性的研究。本次研究主要关注原有良好企业声誉在不同类型的危机情景中所发挥的积极作用和消极作用。

3.6　态度强度理论、反说服心理机制、期望不一致理论的启示

态度强度理论认为，态度强度越高，个体维护原有态度和信念的意愿越强烈，并且越抗拒与原有态度和信念不一致的信息（Petty & Krosnick，1995；Eagly & Chaiken，1995）。在本次研究中，企业声誉界定为消费者对企业的"评价"，并且根据本次研究的需要，只分析良好声誉，即声誉评价分值大于零的消费者。声誉评价越高，意味着良好声誉的得分越高，

声誉评价的极端性和强度越大。因此，消费者个体对企业声誉认知越高，其维护原有态度和信念的动机越高，企业声誉在不同的危机情景中能够发挥积极的作用。如果这个前提不成立的话，积极作用也就不可能产生。

阿鲁瓦利亚（Ahluwalia，2000）提出"反说服心理机制"（resisitance process），从消费者信息处理的过程分析消费者对负面信息的抗辩性。他们提出当消费者遇到与自己的态度和信念不一致的信息时，通过三种途径来降低负面信息对原有态度的冲击：第一，接受过程（acceptance process），消费者对信息的可信度产生怀疑，降低危机信息的接受程度；第二，评估过程（evaluation process），如果信息源的可信性程度很高，无法在接受过程驳斥负面信息，那么消费者会降低危机信息在评估过程中的权重，维护原有的态度和信念；第三，影响过程（impact process），控制负面信息的外溢效应，将影响力降到最小。

结合信息诊断性理论，顾客从个人的消费经验、商业途径、公共途径等获取的各种信息，可以视为判断企业品牌特征的诊断性资料。这些信息和资料能够发挥多大的作用，取决于可得信息具有多大的诊断性，即信息的有用性和重要性（Lynch et al.，1988）。在此，诊断性是指该负面信息能否成为消费者判断企业本质特征的重要依据。虽然在印象形成和消费者购买决策的诸多研究中，已经发现负面信息比正面信息更具诊断性（Skowronsiki & Carlston，1987，1989；Herr et al.，1991）。但是，在阿鲁瓦利亚（Ahluwalia，2002）研究中已经证实，对于消费者熟悉或情感承诺高的品牌，负面信息和正面信息被赋予同样的权重，负面信息效应并未发生。结合反说服过程的前两个阶段，消费者通过对负面信息可信度的质疑和信息评估过程中，认为该信息不足以体现该品牌的本质特征，都能降低该负面信息的诊断性，导致原有良好企业声誉在危机情景中发挥保护作用。

根据上述理论基础，结合本次研究的内容，消费者原有企业声誉评价越高，维持原有态度和信念的动机越高，对危机事件越具有抗辩性和反说服性。此次的研究内容之一，就是分析原有企业声誉在不同的危机情景中，如何通过阿鲁瓦利亚（Ahluwalia）前两个过程降低危机产生的负面影响，发挥保护作用的内在机制。分析思路如下：首先，接受过程。消费者通过对信息的真实性和产品安全性存在问题的结论可靠性进行质疑。模糊不清的产品伤害危机中，消费者会在是否接受该危机信息的过程中，就能够通过降低负面信息的可信性来降低负面信息对态度产生的消极影响。当信息来自于权威机构，信息结论的可信度高时，消费者会进入第二个阶段（评估过程）中，降低负面信息的诊断性。评估的内容是该危机事件能否反映品牌的内在属性。我们借鉴归因理论来解释这一问题。当消费者认为导致危机发生的原因越倾向于有责任的、非故意的、偶然性时，那么该事件并不能反应品牌的本质属性，危机事件在评估中的权重被降低，从而降低了危机事件所产生的负面影响。

奥利弗（Oliver）等人基于社会心理学与组织行为学提出期望—不一致（expectancy-disconfirmation）理论。模型包括两个阶段：第一阶段，消费者消费前经由原有的产品态度、认知和评价形成对产品和服务的期望；实际购买和消费之后，实际感知绩效与原有期望的比较导致不一致的结果。第二阶段，期望和实际绩效差距的大小与方向将形成满意与否的评价，同时消费者将体验到不同程度的负面或正面的情绪。"不一致"的结果导致消费者产生不同的"满意"水平：当实际绩效与期望相同时，"适度的满意"（Moderate Satisfaction）；当实际绩效超过期望时，"满意"；而当实际绩效达不到期望时，"不满意"。

根据本次研究思路，期望不一致包括产品期望不一致和行为期望不一致。产品期望不一致是指在产品安全性已经认定的危机中，产品安全性问题的出现与消费者对该品牌产品质量原有期望存在差异。行为期望不一致是指当消费者认定是企业存在过错行为，导致产品出现安全性问题时，与先前对该企业的行为期望存在差异。其中，行为期望不一致包括对企业能力和道德行为认知存在的差异。施温格（Schwaiger，2004）的声誉测量和解释模型包括产品服务质量、经营管理绩效、社会责任和吸引力四个方面。由此可知，从消费者的角度对良好声誉企业的期望可以表现为，提供高质量的产品，并且管理严格、有更强的实力和能力满足消费者的需要，在日常的经营中充分考虑消费者的利益等。因此，在产品伤害危机中，消费者感知的期望不一致首先是企业提供的产品质量与消费者的期望存在差异，其次是导致产品存在问题的企业行为与消费者期望存在差异。在危机发生后，原有良好声誉通过提高消费者期望不一致感知，进一步加剧了危机的破坏影响。

3.7 产品伤害危机应对

危机沟通中，危机应对策略的选择是企业遭遇危机后，决定"说什么"。基于情景危机沟通理论、形象修复理论和信任修复理论，并结合现实案例分析，产品伤害危机中，企业应对包括基本应对策略和辅助应对策略。基本应对策略反映了企业对危机责任承担的程度，而辅助应对策略是基本应对策略的有益补充，强化了基本策略的积极作用。

3.7.1 应对策略

基于情景危机沟通理论、形象修复理论和信任修复理论，基本应对策略包括：不存在策略、降低策略、主动召回、修复策略。

（1）不存在策略：表明产品不存在安全性问题；企业不存在过错。

具体策略包括，简单否认：声明企业向消费者提供的产品没有安全性问题；澄清：解释为什么没有安全问题，纠正危机事件的错误信息；攻击指控者：反驳那些说产品不安全的人或组织，质疑发布信息源的可靠性和信息内容的真实性。

（2）降低策略：降低事件的侵犯性。

具体策略包括，淡化伤害：降低危机的严重性，危机信息的错误解读，没有造成严重后果，伤害程度实际较轻；隔离：其他地区产品存在问题，但与某地区产品无关；辩解：降低企业自身的责任程度，声称非故意或存在外部不可控因素等。

（3）主动召回：当市场上流通的产品不安全或存在安全性威胁时，企业主动将这些产品从市场上召回，以避免对消费者继续伤害。

（4）修复策略：企业承担责任，修复危机带来的负面影响。

具体策略包括，道歉：企业承担责任并道歉祈求原谅；补偿：给受害方、消费者提供相应的赔偿；退货；纠正行为：避免产品伤害危机的再次发生；口头承诺；抵押担保；第三方监督。

辅助应对策略包括表扬、道己之长、受害者形象、同情和帮助。

（1）表扬：赞美其他利益相关者或媒介等组织，对企业的关心和对产品安全性的监督。

（2）道己之长：提醒利益相关者关注组织正面积极的特征，原有良好的企业声誉，无危机历史；等等。

（3）受害者形象：企业也是外部恶意行为和谣言的受害者。

（4）同情和帮助：在企业不存在责任的前提下，从精神和经济上，对受害方提供道义援助。

在实践操作中，基本策略和辅助策略组合采用。危机沟通中，应对策略不仅注重企业作为信息发布主体传播有利信息，更重要的是传递企业的积极态度（coombs，2007）。基于此，企业应对策略合并划分为两类：一类危机应对策略是发布干扰消费者和公众对产品安全性和原因分析认知的信息（不存在策略、降低策略、受害者形象）；另一类是传达企业的责任感（主动产品召回、修复策略、同情和帮助）。

3.7.2　危机情景与应对策略的匹配

危机管理中，影响企业应对策略的选择的因素包括：危机伤害危机类型、企业认知事实、企业声誉和危机史。形象修复理论指出，消费者和社会公众认知是影响企业应对策略选择的前提。其中，危机伤害类型、企业声誉和危机史是影响消费者和公众对产品安全性认知和责任认定的关键因素。

1. 模糊不清的产品伤害危机与应对策略

在模糊情景中，信息不对称导致企业认知事实和消费者认知存在差异。但是，危机应对必须以尊重事实为基础。企业认知事实呈现三种状态，企业产品不存在安全性问题或者企业不存在过错、模糊不清、产品不安全或企业存在过错。当引发危机的信息源自权威机构，产品被证实不安全时，应对策略中首先选择主动将产品召回，防止消费者再受伤害。不存在策略具有两面性。企业在试图摆脱消费者和公众对其责任认定的同时，也表明企业不想承担责任。不存在策略发挥的效应受到消费者和公众信息加工过程中，对企业信息源信任程度的影响。

当企业认知的事实真相是企业产品不存在安全性问题或者企业不存在过错的前提下，企业原有声誉良好，并且没有相似的危机历史时，消费者和公众对企业信任度较高。此时，不存在策略可以降低消费者和公众对产品安全性的质疑和对企业的责任归因。辅助应对策略选择：道己之长，强化企业信息源的可信度、赞扬、同情和帮助、受害者形象。当企业声誉不良，或存在危机历史时，因为缺乏权威证据，基本归因偏向和防御性归因动机驱使消费者和公众更倾向认为企业产品不安全和企业存在过错导致危机的发生。不存在策略与消费者认知产生失调，否认和澄清被认为是企业逃避责任，无视消费者利益的体现。此时，一般声誉、不良声誉企业和具有危机史的企业，均不能采取不存在策略。此时，企业应对策略可以选择以体现企业社会责任感为核心，暂且不去影响消费者和公众对产品安全性和责任的认知。辅助策略可以采取道己之长、赞扬、同情和帮助等，主要表达企业对消费者利益的关切。本书中，将此策略称为关怀策略。情景危机沟通理论中，库姆斯（Coombs）也曾提到，辅助性策略中，为消费者提供防止伤害的信息提示、给予受害方同情和人道补偿，可在危机应对中单独使用。但是，这一观点仅止于理论分析，未进行验证。

当企业对事实真相认知也是模糊不清时，为了防止应对策略调整中发生前后危机应对策略矛盾，给企业造成二次伤害。此时，危机应对同样选择以体现企业社会责任感为核心的策略，暂且不去影响消费者和公众对产品安全性和责任的认知，采取相应的辅助策略。

当企业认知的事实真相是产品不安全或企业存在过错时，即使尚且没有权威证据证实，企业也应以消费者利益为先，参考原因清晰的产品伤害危机中的应对策略选择。

2. 原因清晰的产品伤害危机与应对策略

原因清晰的产品伤害危机中，企业认知和消费者认知达成一致。因为，已经存在明确和权威证据表明危机产生的原因。

当企业存在过错时，基本应对策略包括主动产品召回和修复策略。其中，越是原有企业声誉不良和有危机史的情景中，越需要借助外部力量（抵押担保、第三方监督），增强消费者对企业承诺的信任，相信产品的安全性和危机不会再次发生。辅助应对策略选择赞扬策略。企业存在过错时，即使企业原有声誉良好，亦不能采取道己之长的辅助策略。因为，危机发生与原有良好的企业声誉形成强烈反差，导致消费者和公众感知到期望不一致，期望不一致越高，危机给企业造成的损失越大（吴娅雄和贾志永，2014）。

当企业存在部分过错时，可以先采取主动产品召回和修复策略，随着危机的动态发展，适机采取降低策略。降低策略本身具有两面性，在为自身辩解的同时，让消费者和公众感知企业从主观意图上想要逃避责任。因此，降低策略仅建议在能力失败、企业声誉良好和无危机历史的情景中采用，在表明勇于承担责任的基础上，该策略才有可能获得公众同情和消费者认可。这一点，2005 年肯德基成功处理苏丹红事件时的应对行为得到了充分体现。在道德不良导致的危机中，企业主观上缺乏对消费者的责任感是危机产生的根源。如果采取降低策略，无疑雪上加霜，让消费者和社会公众联想企业又想逃避责任。同理，对于不良声誉和有危机历史的企业，降低策略也会折扣修复策略的积极效应。

当权威证据证实企业不存在过错时，基本策略选择不存在策略，辅助策略选择道己之长、赞扬、受害方形象、同情和帮助。

3.7.3 产品伤害危机应对的指导原则

第一，危机爆发后及时主动是首要原则。传统危机应对管理中，强调"黄金48小时"，但随着现代信息传播渠道网络的快速发展，应对时间要求缩短至8小时（薛可等，2008）。危机爆发初期，负面信息像病毒一样以裂变方式高速传播。企业必须在关键时间内，及时主动的应对危机，并不仅仅为了发布干扰信息，影响利益相关群体和公众的认知，同时也传达企业直面危机，不逃避责任，维护消费者健康利益的态度。当政府相关部门干预后的被动应对，不但延误了危机应对的时机，同时也被视为企业企图逃避责任的佐证，企业澄清难度增加。

第二，遵循客观真实、以消费者利益为先、勇于承担责任的原则。快速的时效要求，必须以客观真实为前提。在危机应对中，一切须以消费者利益为重，不回避企业存在的过错、不遮掩真相。企业对危机事实信息发布的错漏，将进一步加剧利益相关者和公众的不信任。在一些危机案例中，有的企业在危机爆发初期，因为缺乏权威证据显示企业存在过错和产品存在安全隐患，报以侥幸心理，采取否认策略，但真相最终被披露后，企业才被迫道歉、忏悔和补偿。企业应对中不负责任的表现，进一步激发消费者和公众更强的负面情绪和对企业的谴责，加剧了危机对企业的伤害。当企业不存在过错时，也要勇于承担社会责任，提供力所能及的援助，以突出企业的道德价值观。

第三，应对策略随危机发展不断调整，但应保证兼容性的原则。危机发展是危机传播和危机应对循环往复、互为因果的动态过程。在产品伤害危机不同生命周期阶段，随着新信息的出现，危机议题不断然深入和转变，危机应对策略需要不断调整（汪峰等，2013）。但应防止前后初始应对策略和调整策略的对立，保证其兼容性。不兼容的表现是危机应对前后发布的信息和传递的危机态度不一致，最终导致消费者和社会公众认知混乱，并感知企业存在欺骗。不兼容的危机应对策略，容易发生次生危机，给企业造成更严重的二次伤害，增加危机处理的难度。

3.8　研究架构与研究变量设计

结合危机爆发后，影响消费者态度转变的两个阶段，本次研究通过对产品伤害危机情景的划分，分别分析和验证原有良好企业声誉在危机情景认知阶段（危机发生但企业尚未采取初步回应）和危机初始应对阶段（企业根据危机情景初步选择应对策略）的作用。

1. 危机情景认知阶段，原有良好企业声誉的作用

根据以往研究的局限性、因素的重要性和实验处理的方便性等几个方面的考虑，本研究设计了如图 3 - 2 所示的研究架构。本次研究的主要内容是分析在不同的危机情景中，原有良好企业声誉发挥的作用表现及作用机制差异。原有良好企业声誉发挥的作用表现为：账户作用、保护作用和破坏作用。账户作用主要分析原有良好企业声誉对危机后消费者态度影响；保护作用/破坏作用主要分析原有良好企业声誉对消费者态度转变影响。中介机制分析：原有良好企业声誉发挥保护作用的中介变量为结论可靠性、责任归因、意图性归因和稳定性归因。不同危机情景下，原有良好企业声誉通过期望不一致发挥破坏作用。

该模型涉及的研究变量有：

（1）不同的危机情景。本次研究选择危机情景划分中的两个大类：

第一类，模糊不清的产品伤害危机。其中，包括两种危机类型：产品

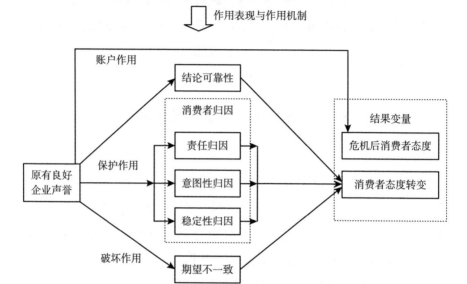

图 3 – 2   不同危机情景下原有良好企业声誉发挥作用的研究架构

安全性模糊不清的危机（两种信息构成形式：危机源来自于非权威性机构的检测或研究结果，产品是否存在安全性问题尚不明确；危机源来自于消费者产生显性伤害结果，有多种可能性原因导致伤害结果的产生，产品是否存在安全性问题尚不明确）；产品不安全但原因模糊不清的危机（企业产品已经被权威机构认定不安全，但导致安全性问题产生的企业过错行为属性尚不明确）。

并且，在模糊不清的危机中，通过是否给出多种导致伤害结果的原因分析进一步对危机中原因分析的模糊性进行操控，在提高研究信度和效度的同时，丰富研究结论。

第二类，企业过错行为清晰的产品伤害危机。从能力和道德两个方面划分为三种典型的危机形态，即核心能力失败导致的产品伤害危机、非核心能力失败导致的产品伤害危机、道德不良导致的产品伤害危机。其中能力主要涉及管理能力、研发能力等，道德主要是判断企业的行为表现是否充分考虑和保护消费者的利益。

（2）原有企业声誉。本书对消费者视角下企业声誉的概念界定为：消费者基于对企业过去行为感知基础上，对企业整体的评价，反映了消费者根据企业过去的绩效水平、企业形象、产品与服务信息、直接消费经验等营销沟通过程，形成的对企业的综合认知。

原有的企业声誉可以划分为三个水平：原有良好企业声誉、一般声誉和不良声誉，采用李克特 7 级量表对其进行测量（从 1 至 7）。向左代表企业声誉越不良；向右代表企业声誉越良好。但在本次研究中，只分析良好企业声誉发挥的作用，因此企业声誉划分为两种水平，即良好企业声誉与一般企业声誉。实验研究中，为了简化实验复杂性，没有设计企业拥有不同单独的产品品牌，而是拥有唯一的一个企业品牌作为实验研究对象，此时消费视角下的企业声誉即企业品牌声誉。

（3）消费者态度。本次研究中界定消费者态度是消费者对企业品牌的整体感知和情感体验，反映了购买决策者对某一特定品牌的好恶程度。消费群体通过经验（包括直接的消费经验和间接他人或媒体宣传）形成的对该企业的正面或负面的评价和判断，进而产生倾向于购买或不购买该企业产品的心理状态。

（4）消费者态度转变。消费者在危机发生后，而企业尚未采取应对策略之前消费者态度的转变。变量测量根据前测和后测的消费者态度之差计算。

（5）结论可靠性。结论可靠性是指消费者感知信息源所提供的产品是否存在安全性的判断结论是否可信。

（6）责任归因。本次研究中，原因可控性和原因部位合并为责任归因。结合产品伤害危机的情境，责任归因是指消费者对危机中企业是否存在过错的判断。

（7）意图性归因。意图性归因是指对企业是否存在主观故意追求或放任伤害结果的产生。意图归因是在责任归因之后，对企业行为特性的进一步分析和判断。

（8）稳定性归因。稳定性归因是指导致危机产生原因稳定性的分析，判断危机产生的原因是否具有偶发性。

（9）期望不一致。期望不一致是指消费者对危机企业产品表现和企业行为表现期望与实际绩效比较结果的感知。

2. 危机初始应对阶段，原有良好企业声誉对应对策略选择和修复效应的作用分析

基于应对策略与危机情景匹配的分析，本次研究范围以企业认知的事实真相是企业产品不存在安全性问题或者企业不存在过错为前提。此类情景在现实中具有多发性，并且在初步危机应对策略选择中更具有两难性。本次研究的主要内容是分析在模糊不清的危机情景中，原有良好企业声誉对危机应对策略选择的影响（如图 3 – 3 所示）；和在企业过错行为清晰的危机情景中，原有良好企业声誉对修复策略修复效应的影响（如图 3 – 4 所示）。

（1）模糊不清的产品伤害危机情景中的研究框架。

图 3 – 3　原有良好企业声誉对危机应对策略选择的影响

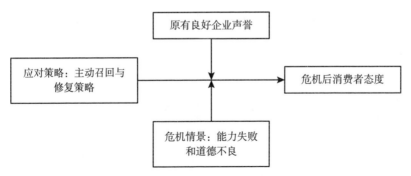

图 3 - 4　原有良好企业声誉对修复策略效应的影响

模糊不清的产品伤害危机包括：产品安全性模糊不清的危机和产品不安全但原因模糊不清的危机。

该概念模型涉及的研究变量包括：应对策略、企业声誉和消费者态度。企业声誉、消费者态度与上述相同。

模糊不清的产品伤害危机中，企业初始应对策略包括不存在策略或者关怀策略。

不存在策略：在产品安全性模糊不清的危机情景中，表明产品不存在安全性问题；在产品不安全性但原因模糊不清的危机情景中，表明企业不存在过错。不存在策略的目的在于通过影响消费者对危机的认知，降低危机对企业的负面影响。

关怀策略：暂不影响消费者对危机认知，而是体现企业对消费者利益的关心，目的在于表达企业社会责任感。

（2）企业过错清晰的产品伤害危机中的研究框架。

企业过错行为清晰的产品伤害危机包括：核心能力失败的危机、非核心能力失败的危机和道德不良导致的危机。

该概念模型涉及的研究变量包括：应对策略、企业声誉和消费者态度。企业声誉、消费者态度与上述相同。

企业过错行为清晰的产品伤害危机中，企业恰当的初始应对策略为产品召回和修复策略。企业过错行为清晰产品伤害危机中，产品不安全已经认定，危机应对中企业必须主动将这些产品从市场上召回，以避免对消费者继续伤害，并且积极承担责任，修复危机带来的负面影响。

3.9 实 验 设 计

3.9.1 实验刺激物的选择

情景实验研究中，通常选择虚拟企业或者真实企业作为研究对象。虚拟企业可以避免被试对企业已有认知和无关变量对实验结果的影响，保证了实验的内部信度，但是也降低了实验的外部效度。而真实企业的优势在于提高了实验的外部效度，但被试已有对企业或品牌的感知，如果不能有效控制，则消费者的先验经验和无关变量会对结论准确性产生影响。结合两种方法的利弊，针对研究内容，本次研究选择虚拟企业作为实验刺激物。原因如下：能够更准确的分析原有良好企业声誉在产品伤害危机情景中的影响，避免采取真实企业或真实品牌中被试与原有品牌关系（品牌承诺、品牌忠诚）等无关变量的影响，保证研究结论的准确性。

在未来研究中，也可以采取真实品牌和企业对此次的研究结论进行重复验证。此时，需要对实验的被试进行筛选，同时测量被试对该品牌声誉评价和品牌承诺，只有通过控制品牌承诺，删除品牌承诺高的消费者，进而对品牌声誉划分良好和一般两个组别，进行数据的分析和验证。但此次的研究中，为了降低工作强度，我们将此作为未来的研究内容。

通过对2004~2013年网上调查，发生产品伤害危机的事件，总结发生产品伤害危机频率较高的产品类别为：汽车、洗护用品、乳制品、饮料、油炸食品、药品等。食品和药品是发生产品伤害危机最高的两大类产品。实验刺激物的选择，主要考虑三个原则：第一，产品具有较高的熟悉度；第二，被大多数学生购买和使用过；第三，实验刺激物没有性别差异。最初，候选的实验刺激物包括：感冒药、保健型眼药水、奶粉、酸奶、方便面、薯片、牙膏、手机和笔记本电脑。

并且，本次研究中某些危机情景的发生受到产品类型的影响。如导致危机发生的企业行为是核心或者非核心的技术失败，一般此类危机多发于汽车、手机、家电等产品大类中，如果选择方便面这个产品类别设计危机情景显然就不适合。但是，为了防止产品类别（快消品和耐用品）差异对研究结果的影响，初步选定均为快消品类的产品。

接着邀请西南交通大学营销专业的 3 名博士研究生，根据实验刺激物选择的三个原则，进行深度访谈和探讨，最终确定本次实验的刺激物为方便面和缓解视疲劳的保健型眼药水。在预实验研究中，结果表明研究被试对该两类产品较为熟悉。

3.9.2 被试选择与抽样

本研究采取便利抽样的方法，将大学生作为调查对象。主要原因在于：便利抽样是研究中最常用的抽样方法，能够降低数据收集的成本和难度；同时大学生具有参与调查研究的积极性，愿意花费相应的时间认真填答；能够更好地理解问卷的内容，配合调查，提高调查的真实度和可靠度，大学生是高等教育的接受者，具有较强的理解阅读和思考的能力；能够准确客观的接受问卷的调查，提高问卷的回收率和有效性。学生样本的同质性，排除了干扰因素的影响，也能够提高研究的效果。在产品伤害危机领域很多的研究中，也都选择了学生样本（Ahluwalia et al.，2000；Klein & Dawar，2004）。如果学生对实验中的产品熟悉时，采取学生样本进行研究也能获得很高的外部效度。实验选择的产品也是大学生非常熟悉的产品，并进行了预测试。

为了保证样本具有较大范围的代表性，正式实验选择了河北地区五所高校进行。为了保证学生样本的代表性和随机性，我们选择不同专业、不同年级和不同性别的学生作为调查对象。并且采取学生上课时间，能够保证学生能够仔细和认真阅读实验材料，降低认知繁忙的程度，提高数据收集的准确性。

3.9.3 实验流程

本次研究分为预实验和正式实验。

1. 预实验

预实验一的目的包括：一是测试研究被试对所选两类产品（方便面和保健型眼药水）的熟悉度；二是检验企业声誉刺激材料的区分性；三是检验企业声誉材料的真实性。

问卷设计采取李克特7级量表，被试对两类产品的熟悉度用采取1个题项（你对 *** 类产品熟悉吗?）；企业声誉材料的真实性采取2个题项测量（你认为该企业的信息是真实的吗？你认为该企业的介绍信息可信度如何?）；企业声誉的测量题项如下文。

预实验一的实施时间为2011年10月，在河北某高校随机选取了83名被试，发放问卷83份，一般声誉2组，良好声誉2组。最终回收有效问卷为77份（其中女性47名，男性30名）。预实验选取的被试与正式实验被试同质。研究结果表明，被试对两类产品比较熟悉（$M_{方便面} = 5.34$ (1.21)；$M_{抗疲劳眼药水} = 5.01$ (0.99)）；声誉描述材料可信度较高（$M_{真实性} = 5.34$ (2.09)）；方便面和抗疲劳眼药水两组，良好和一般企业声誉均存在显著差异（方便面组，$M_{良好} = 5.93$，$M_{一般} = 4.33$，$F(1, 39) = 91.096$，$p < 0.001$；眼药水组，$M_{良好} = 6.11$，$M_{一般} = 4.60$，$F(1, 36) = 73.192$，$p < 0.001$）。综上所述，声誉刺激材料满足正式实验的要求。

预实验二的目的包括：一是检验模拟情景的真实性、可信性；二是危机情景材料的可区分性；三是危机伤害程度感知大小；四是被试对测量题项明确性、易理解性，能否准确理解问项的真实表示无异议；五是观察实验进行中可能遇到的问题，确保实验的顺利完成。考察被试对实验指导语和模拟情景的准确理解，确保被试有很高的实验卷入度，提高实验数据的可信度。

问卷设计采取李克特7级量表（从1至7），在模糊不清的危机中，利用两个题项测量消费者对危机情景中信息来源权威性的判断（你认为消费者〈大学研究小组、政府检测机构〉给出该产品存在安全问题的结论是否具有权威性？你认为该材料中是否已经具有充分证据判断产品的安全性问题？），并且通过2个题项测量"原因分析模糊性"操控的有效性（你认为企业存在过错的可能性有多大？你认为是企业的原因导致伤害结果的发生吗？），在企业过错行为清晰的危机中，采取1个题项让被试分别判断不同危机情形是属于哪一种？（核心能力失败、非核心能力失败和道德不良）；危机材料的真实可信性采取2个题项测量（你认为该信息是真实的吗？你认为该信息可信度如何？）；感知伤害程度的测量包括2个题项（你认为危机中描述的产品安全性问题对于人体健康的损害程度有多高？你认为此次事件给受害方造成的后果严重吗？）。

预实验二的实施时间为2011年10月，在河北某高校随机选取了270名被试，发放问卷270份。最终回收有效问卷为219份（其中女性127名，男性92名）。预实验选取的被试与正式实验被试同质。研究结果表明，前两种危机类型操控的有效性已经在预实验中得到了验证，消费者和大学研究小组之间，被试对信息源的权威性不存在显著差异（$M_{消费者}=3.53$，$M_{大学研究小组}=3.98$，（$F(1,95)=2.632$，$p=0.108$）），政府机构分别与其他两种情景存在显著差异（$M_{政府}=5.69$，$M_{大学研究小组}=3.98$，（$F(1,93)=28.195$，$p<0.001$））；（$M_{消费者}=3.53$，$M_{政府}=5.69$，（$F(1,99)=41.204$，$p<0.001$））。并且，在信息源于消费者的情景中，给出多种原因分析组和未给出多种原因分析组之间，被试对企业过错归因存在显著差异，当给出多种原因分析时，原因分析的模糊度较高（$M_{给出}=3.76$，$M_{未给出}=4.83$，（$F(1,50)=33.019$，$p<0.001$））。在信息源于大学研究小组的情景中，给出多种原因分析组和未给出多种原因分析组之间，被试对企业过错归因存在显著差异，当给出多种原因分析时，原因分析的模糊

度 较 高 （ $M_{给出}$ = 3.95，$M_{未给出}$ = 4.91，（ $F(1, 44)$ = 26.980，$p <$ 0.001））。在信息源于政府的情景中，给出多种原因分析组和未给出多种原因分析组之间，被试对企业过错归因存在显著差异，当给出多种原因分析时，原因分析的模糊度较高，而未给出多种原因分析时，是偏企业过错归因的情景（ $M_{给出}$ = 5.14，$M_{未给出}$ = 5.63，（ $F(1, 48)$ = 18.115，$p <$ 0.001））。在企业过错行为清晰的三组被试对危机情景准确判断率为 100%，六组被试对信息真实性和可信性不存在显著差异，并且信息真实感知较高（ $F(1, 232)$ = 2.017，p = 0.148；均值分别为 $M_{消费者}$ = 5.93、$M_{大学研究小组}$ = 5.57、$M_{政府}$ = 5.22、$M_{核心能力失败}$ = 5.73、$M_{非核心能力失败}$ = 5.49、$M_{道德不良}$ = 5.86）），危机描述材料可信度较高。六组感知伤害程度均值分别为：$M_{方便面}$ = 3.85、$M_{眼药水}$ = 4.06，每组感知伤害程度较小。结果表明，材料设计基本符合研究需要。并且，我们就模拟材料和测量题项，还咨询了多位博士研究生和心理学老师，根据预实验的结果和咨询建议，做了进一步的修改和完善。

预实验三的目的是测量危机应对策略的可区分性和被试对实验材料是否能够准确理解，确保被试有很高的实验卷入度，提高实验数据的可信度。模糊不清的产品伤害危机中应对策略为不存在策略或者关怀策略。企业过错行为清晰的危机中，恰当的应对策略为主动召回和修复策略。利用 1 个测量题项测量消费者对三种应对策略能否正确理解（材料中企业采取了何种应对方式？明确否认危机与企业有关；尚且未否认也未承认，但表达了企业对消费者利益的重视；主动召回，明确承担责任，并采取了修补措施）。

预实验三的实施时间为 2013 年 3 月，在河北某高校随机选取了 105 名被试，发放问卷 175 份。删除未答问卷，最终回收有效问卷为 163 份（其中女性 99 名，男性 64 名）。其中，产品安全性模糊不清情景中，否认组 31 份，关怀组 33 份；产品不安全但原因模糊不清的情景中，否认组 32 份，关怀组 33 份；企业过错行为清晰的情景中，修复组 34 份。预实验选取的被试与正式实验被试同质。研究结果表明,选择准确率分别为:产品安全性模糊不清情景中,否认组 85.29%,关怀组 84.84%;产品不安全但原因模糊不清的情景中,否认组 80.73%,关怀组 86.01%;企业过错行为清晰的情景中,修复组 88.23%。结果表明,材料设计基本符合研究需要。

2. 正式实验

第 4 章正式实验时间实施于 2012 年 9 ~ 10 月,第 5 章正式实验实施于 2013 年 5 ~ 7 月选择河北地区的五所高校进行实验。

为了避免无关变量对结果的干扰,随机发放模拟情景中的一套信息卡片和题项问卷给每个被试,并且被试不了解实验的真正目的和意义。

实验步骤:第一,主试人员对被试解释实验的用途、实验的流程及如何填答问卷,控制用时 2 分钟,为了防止被试迎合性的回答,笔者声称此次调研为某企业品牌的市场调研;第二,向被试发放有关企业声誉测量的信息卡片和题项问卷,要求被试认真阅读并填答问项;第三,被试填答完毕后,主试人员回收问卷;第四,发放危机材料的信息卡片和题项问卷,要求被试认真阅读并填答问项;第五,被试填答完毕后,主试人员回收问卷;第六,对大家的参与表示感谢,并告知被试此次实验中所给信息均为虚构,避免他们对现实品牌产生怀疑。在问卷整理完毕之后,经审阅的有效问卷,给予被试相应的报酬,整个实验用时 15 分钟,实验的整个进程由作者亲自操控,该班级的任课教师予以现场协助。

3.9.4　实验控制

第一,由于不同实验组别被试的个体差异,在分组时采取随机分配,抵消被试的个体差异。

第二,为了增加刺激材料对被试的有效影响,问卷中设计相关题项,剔除那些对类似危机非常熟悉(得分大于 4)、产品质量影响因素非常熟悉(得分大于 4)和对该类产品市场整体安全性认知较低(得分小于 4)

的被试。

第三，为了增加信息的真实性，均采取了报纸报道的方式，并且有报刊来源，新闻标题，虚拟企业也有企业品牌名称等基本信息。并且，危机情景均改编于现实危机，具有较高的外部效度和实际意义。

第四，题项中设计了反向问题，对被试的认真程度加以衡量，剔除选项矛盾的被试。

第五，对信息中的重要内容，均采取加粗和下划线的方式，强化关键信息的传达。

危机认知阶段良好企业声誉的
作用表现与作用机制

本章在理论分析的基础上，提出在危机情景认知阶段，原有良好企业声誉作用表现和作用机制的研究假设，并且分别在不同的危机情景（产品安全性模糊不清的危机、产品不安全性但原因模糊不清的危机、企业过错行为清晰的危机）中，采用实验研究的方法对研究假设进行验证。

4.1　理论基础与研究假设

根据前述的内容，在不同的产品伤害危机情景中，原有良好企业声誉发挥的作用及作用机制存在差异。下文将分别从产品安全性模糊不清的危机、产品不安全但原因模糊不清的危机及企业过错行为清晰的产品伤害危机三种情景中分析和提出研究假设。

4.1.1　不同产品伤害危机情景中原有良好企业声誉的账户作用分析

产品伤害危机情景中，消费者最关切的问题就是企业所提供产品的安全性（产品安全性是产品质量属性评价的指标之一）。危机后，消费者对产品安全性的感知与消费者态度成正比（Siomkos & Kurzburd，1994；

Siomkos，1999）。

经济学研究中，声誉具有质押作用。亚当·斯密（Adam Smith，1763）认为声誉是保证承诺和契约顺利履行的重要机制。声誉越高的企业，越不会采取投机行为，给声誉带来损失。因为，这对于企业得不偿失。消费者相信拥有良好企业声誉的产品质量是可靠的，该企业不会提供存在安全性问题的产品，或者即使产品被检测存在安全性问题，也与企业存在的关联性较小。

管理学研究中，诸多学者都认为声誉具有时间性、历史性和累积性。品牌声誉是建立在企业过去所有的交易历史记录之上的，经过较长的时间，消费者对品牌的产品属性所做出的一致性评价（Herbig & Milewicz，1993）。如果一个企业具有良好声誉，则体现该品牌在过去产品质量上的优异表现。

市场学和经济学的文献中，也将声誉视为一种市场信号（Shapiro，1983），在信息不完全的情况下，消费者可以据此来推断产品质量（Klein & Lefflert，1981），建立稳定的预期（Devine & Halpern，2001），并对企业行为进行解释（Weigelt & Camerer，1998）。产品伤害危机的爆发，对于过去稳定一致的产品质量，显然是一个"异常值"。因此，模糊不清的危机中，原有企业声誉是消费者判断企业产品安全性的重要依据。所以当原有企业声誉越良好时，过往优秀的产品表现使消费者更愿意相信该品牌的产品不存在安全性问题，危机后消费者态度改变越小。

同时，在产品不安全但是原因模糊不清的危机与企业过错清晰的危机中，如果消费者感知一次产品危机的发生和失败，并不能体现和代表该企业品牌的本质和全部，那么企业长期累积的良好声誉就表明了该品牌过去一贯的优秀表现。因此，当危机发生后，消费者仍然认为原有良好企业声誉的产品更安全，危机后消费者态度更高。导致产品伤害危机的企业行为属性可以划分为能力失败和道德不良。一次发生的"能力失败"并不能抹杀品牌过去的优秀市场表现，但是道德不良却能让消费者怀疑感知过往的优秀责任表现存在欺骗。在行为学研究中，道德价值观被视为个体最稳定的个性特质（Reeder et al，2002）。当品牌过往所累积的声誉受到质疑时，就不可能成为危机后形成消费者态度的重要外部依据。

因此，提出假设：

H1：产品安全性模糊不清的危机中，原有企业声誉越良好，危机后消费者态度越积极，即原有良好声誉能够发挥账户作用。

H2：产品不安全但原因模糊不清的危机中，原有企业声誉越良好，危机后消费者态度越积极，即原有良好声誉能够发挥账户作用。

H3：企业过错行为清晰的危机中，企业过错行为属性调节了原有企业声誉对危机后消费者态度的影响。

H3a：在核心能力失败和非核心能力失败的危机中，原有企业声誉越良好，危机后消费者态度越积极，即原有良好声誉能够发挥账户作用。

H3b：在道德不良的危机中，原有企业声誉对危机后消费者态度无影响，即原有良好声誉没有发挥账户作用。

4.1.2　不同产品伤害危机情景中原有良好企业声誉保护作用分析

1. 原有良好企业声誉、结论可靠性与消费者态度转变的关系

依据态度强度理论分析，态度强度越高，消费者越倾向于维护自身态度，抗拒相反信息（Eagly & Chaiken，1995；Haugtvedt & Petty，1992）。如果消费者对声誉评价越高，消费者维护自身态度的动机越强烈，就会对危机包含的信息进行抗辩（Petty & Kronick，1995）。在提出的"反说服机制模型"（Ahluwalia，2000）中，消费者对负面信息抗辩的首要阶段发生于个体对负面信息的接受过程（acceptance process）。消费者在接收到负面信息后，会产生维护认知的防御性动机，导致消费者对危机信息的可信度产生怀疑，最终导致危机信息不被消费者所接受。原有良好的企业声誉能够在危机中发挥"质疑"（halo as benefit of the doubt）的作用，降低

危机给企业带来的破坏作用（Fombrun & Van Riel，2003）。当然，他们的研究仅限于理论分析，并没有进行实证。

当缺乏权威机构对产品安全性的最终结论信息时，模糊的情景给消费者提供了"质疑"的可能，消费者更容易通过反驳和质疑非权威信息源结论的可靠性，实现对负面信息的抗辩，维护原有认知。因此，原有声誉越高，消费者越容易通过反驳和质疑危机信息的真实性和可靠性，有效降低消费者态度的下降。

但是，阿鲁瓦利亚（Ahluwalia，2000）也证实当信息内容的可信度很高时，信息接收过程的抗辩失败，进入反说服心理机制的下一阶段。在危机情景中，当具有权威机构提供的结论性信息时，信息源的权威性导致信息内容可信度很高，信息接收过程无法实现对负面信息的抗辩。权威机构的研究结论是消费者判断产品是否存在安全性问题和原因归属的重要依据，消费者不会无视和诡辩已经发生的客观事实。并且，危机的发生触发了消费者的防御动机，以保护自身利益免受损失。因此，信息源发布机构的权威性和消费者的防御性动机，导致在这种危机情景中，即使原有企业声誉良好，消费者还是相信权威机构结论的可靠性，不会质疑信息内容，此时原有良好声誉也不再影响消费者对结论可靠性的感知。

因此，提出假设：

在不同的产品伤害危机中，结论可靠性的中介机制作用存在差异。

H4：在产品安全性模糊不清的危机类型中（即缺乏权威结论证实产品存在安全性问题），原有良好企业声誉越良好，越质疑结论可靠性，从而消费者态度改变越小，即原有良好声誉通过结论可靠性发挥保护作用。

H5：在产品不安全但原因模糊不清危机类型中（即存在权威结论），原有企业声誉不会对消费者所感知的结论可靠性产生影响，即结论可靠性不是原有良好声誉发挥积极作用的作用机制。

H6：在企业过错行为清晰的危机类型中（即存在权威结论），原有企业声誉不会对消费者所感知的结论可靠性产生影响，即结论可靠性不是原有良好声誉发挥积极作用的作用机制。

2. 原有良好企业声誉、归因与消费者态度转变的关系

大量的研究发现，人们并不会对所有的事件和行为进行归因，只有当面对那些异常的或者意外的行为或者事件时，才会自发地进行归因（weiner，1986）。而一种行为或事件是否异常依赖于对头脑中激活和构造出的某种标准是否相符。表明与头脑中的某种标准相违背了。而产品伤害危机的产生，与良好企业声誉在消费者心目中建立的积极正面的形象和标准产生了强烈的反差，危机的出现会自发的激起消费者对危机事件进行分析和归因的欲望。因此，原有企业声誉必将影响消费者对危机属性的认知过程，而消费者对危机的最终归因将直接导致消费者态度的转变。

（1）产品安全性模糊不清的产品伤害危机。声誉的晕轮作用在很多研究中已经被提出和证实，是指对一个人和组织的整体综合抽象的评价会影响对个人或组织行为的具体判断（O'Donnell & Schultz，2005）。经济学中，声誉对企业具体行为的预测与判断作用、实现和发挥作用的前提是信息的不完全（Klein & Lefflert，1981）。所以，越是在对企业行为预测判定信息模糊的情景中，声誉越发挥晕轮效应。在产品安全性尚且模糊不清的危机中，原有企业声誉越高，消费者对危机归因越倾向是无责的、非故意的和不稳定的。并且，良好声誉能够在危机中发挥"质疑"（halo as benefit of the doubt）的作用，降低危机给企业造成的破坏（Fombrun & Van Riel，2003）。如果利益相关者拥有对组织整体的良好印象，将会对危机产生"质疑"，降低危机给企业造成的负面影响（Caponigro，2000；Fombrun，1996）。"质疑"既可以表现为对伤害事件信息真实性和可信性的怀疑，也可以表现为对伤害结果产生与企业关联性的怀疑，即认为企业并不对产品伤害结果负有责任。

因此，提出假设：

H7：在产品安全性模糊不清的危机类型中，当信息源发于非权威检测机构，原有良好企业声誉越良好，消费者归因越倾向无责任的、非故意的和偶然性的，从而消费者态度改变越小，即责任归因、意图性归因和稳定性归因是原有良好声誉发挥保护作用的中介机制。

（2）产品不安全但原因模糊不清的产品伤害危机。当权威机构和政府权威部门确定企业产品存在安全性问题，但是没有进一步对导致产品发生安全性问题的原因进行分析，如强生泰诺的危机案例。但是，消费者有进一步探究导致产品存在安全性问题原因的欲望和动机（Folkes，1988）。对原因的归因，必然会影响消费者态度在危机前后的转变。

①偏非逻辑推断的归因理论与假设提出。归因偏向和归因风格的大量研究表明，人们寻求行为事件的原因时，并不像传统归因模型的假定那样严格按照客观的信息资料合乎逻辑的进行推断，而是渗入了许多个人的主观因素。如怀特（White）的原因加工理论（theory of causal processing）就认为归因是一个主观化的过程。怀特将原因加工分为自动加工和控制加工。自动的原因加工，利用了归因者现存的因果关系信念，人们对因果关系的分析依据其主观信念，这是一种直觉的、自动化的和简捷的过程。人们因果关系的判断是依据主观信念，而不是客观信息。因果关系信念的产生途径有两条，一是重复观察，二是直接习得。

根据心理学的诸多研究发现，自动的原因加工在人类发展过程中是人们偏爱的一种原因加工过程（shultz，1982；shultz & Wells，1985）。舒尔茨认为：对于观察者来说，只要因果产生式关系是显而易见的，他们就会采用自动的原因加工方式，"显而易见"即观察者感知原因符合他们产生式关系的先定信念（preexisting belief）（shultz，1982；shultz & Wells，1985）。怀特认为人们进行归因时会优先考虑自动原因加工方式，只有当自动的原因加工失效时，才转而进行控制原因加工方式，人们已有的因果关系信念是自动加工的依据。因此，我们推断，当消费者具有很高企业声誉评价时，因此消费者具有很强的先前信念，即企业不会发生伤害危机的事件。此类消费者面对危机，则会采取自动原因加工方式，不会对危机的信息进行精细分析，认为危机的发生应当与企业无关。因此，危机的发生也不会影响消费者态度的转变。

②印象理论、认知失调与假设提出。利用印象理论进行解释,当知觉者面对一种显然与他对某人形成的已有印象和行为预期相矛盾的行为时,将会力图理解为什么这种不一致的行为产生了。不一致的信息诱发和激活了自发归因的过程,导致知觉者对不一致行为产生归因探索。克莱瑞和黑斯蒂(Clary & Tesser, 1983; Hastie, 1984)的研究已经做出了肯定回答。进一步利用费斯廷格的认知失调理论解释企业声誉对归因的影响。认知失调是新的信息与已有的认知产生了矛盾。认知失调的情形下,人们具有使得新信息与已有的人事趋于一致的需求和动机,而归因问题的提出和回答是解决失调的有效方式之一。人们通过主观性的归因偏向,减少和消除危机事件与内在认知标准之间的差距。因此,原因模糊性的危机中,原有企业声誉认知越高,消费者越倾向于有利于保持原有品牌认知不变的归因。

史密斯和米勒(Smith & Miller, 1983)的研究表明,人们理解行为事件时,他们关心的是特定情景下特定活动者的那些具体特质或者倾向导致其行为的产生,以期对活动者有更清晰的认知。如果当消费者认为危机的原因是由于企业不可控的、不稳定的失误行为所导致的,那么该危机信息并不能真实反映企业的特质和行为倾向。因此,大大降低了负面信息的诊断性,消费者态度的转变较小。

通过以上的分析,提出假设:

H8:在产品不安全但是原因模糊不清的产品伤害危机中,原有企业声誉越良好,消费者导致危机产生的企业行为属性越归因于外部不可控的、非故意的和不稳定的,进而导致消费者态度转变越小,即归因属性的3个维度在企业声誉与消费者态度转变发挥中介作用。

(3)企业过错行为清晰的产品伤害危机。

①责任归因与意图性归因的中介作用。在企业责任清晰的产品伤害危机中,因为已经有了权威的证据和充分的信息已经证实和认定,企业提供的产品存在安全性问题,并且企业存在过错行为。根据怀特原因加工理论

中现存信念的适用性（applicability of an existing causal belief）的原则分析，人们不可能按照自己的需要想做什么归因就做什么归因，他们的归因活动受到一定的限制。其中很重要的因素就是归因者现存的有关因果关系的信念。人们做出的归因既要满足自己的主观需要，同时又必须是合理的。当归因者的现实需要与信念发生冲突和对抗时，他们不会无视客观事实，做出连自己都无法相信的归因。在企业存在过错的三种情景中，非核心能力失败、核心能力失败和道德不良三种危机情景本身已经清晰表明责任归属和行为是否具有故意性。在案例分析中，我们也发现责任归因和意图归因能够在危机情景中找到线索和判断的依据，但是稳定性归因的分析往往并没有直接的信息体现，需要消费者自我判断与感知。因此，消费者不会无视现实的客观信息，而做出有利于主观偏见的归因。在企业过错行为清晰的产品伤害危机中，原有企业声誉不会对责任归因和意图性归因产生影响。

因此，提出假设：

H9：在企业过错行为清晰的危机中，原有良好企业声誉不会对责任归因产生影响，即责任归因未发挥中介作用。

H10：在企业过错行为清晰的危机中，原有良好企业声誉不会对意图性归因产生影响，即意图性归因未发挥中介作用。

②稳定性归因的中介作用。原有良好声誉反映和体现了企业过往良好的表现。根据阿鲁瓦利亚（Ahluwalia，2000）的抗辩理论，此类危机中降低负面信息在危机后品牌评价中的权重，就能有效阻止品牌态度的转变。即如果负面信息中对产品质量和企业行为的信息不足以诊断企业真正的产品质量和品牌所具有的特性，那么原有品牌态度转变较小。当原有声誉越良好，并且是首次出现此类危机时，过往良好产品和企业行为的优异表现，导致消费者认为此次危机，并不能真实反映企业的质量和行为特征，并且也相信以后此类事件不会再次发生。当危机的发生是由于能力失败时，非核心能力失败导致的危机并不能依此来诊断和反映良好品牌所具有的本质特征。虽然核心能力的失败在某种程度上反映了品牌内在的本质特

征，但是一次核心能力的失败并不能完全否定良好声誉企业过往的优异表现。因此，原有良好声誉发挥了积极的保护作用，削弱了此类危机的负面影响。

能力失败和道德破坏对企业造成的破坏程度存在显著差异。危机能否反映企业的内在特质，是消费者态度转变的关键影响因素。如果感知原有声誉的建立，也有可能是建立在欺骗之上的，那么消费者就无法利用过去的声誉信号来反驳此类危机。则原有企业声誉就不可能发挥任何积极的作用。道德价值观本身被视为个体最稳定的个性特质（Reeder et al.，2002），人员渎职和企业故意添加危机的发生，反映出企业本身的道德价值观，没有考虑消费者的利益，从而导致以往累积的良好声誉受到消费者质疑。消费者会分析到底是相信危机情景反映了企业本质，还是相信其原有的良好声誉。同时，负面信息发挥了负效应（Skowronski & Carlston，1987；1989），提高了危机信息在态度转变中的影响权重，原有良好声誉的积极作用被抑制。因此，在道德不良的危机情景中，原有良好声誉不能通过降低稳定性归因发挥积极的保护作用。

因此，提出假设：

H11：在企业过错行为清晰的危机情景中，原有企业声誉与行为稳定性归因的关系存在差异。

H11a：在非核心能力失败和核心能力失败的危机情景中，原有良好企业声誉通过对稳定性归因的影响，降低了消费者态度转变，即原有良好企业声誉通过稳定性归因发挥保护作用。

H11b：在道德不良的危机情景中，原有良好企业声誉与稳定性归因无关，即原有良好企业声誉未通过稳定性归因发挥保护作用。

4.1.3　模糊不清的产品伤害危机中危机情景模糊度的调节作用分析

在社会认知领域对归因的研究中，不同归因任务的难易程度是不同的，人们在对不同的归因任务做出归因时，付出的加工资源或者努力程度也不同。影响做出归因难易程度的因素很多，其中最重要的因素就是提供信息的复杂性和一致性。如果多数的信息表明应做出个人或者环境归因，那么做出归因判断相对容易和简单。如果信息更加复杂，直接做出归因会变得更困难，需要花费更多的时间和资源来思考。因此，困难的任务比容易的归因任务能够更好地导致对有关信息进行回忆和提取。

模糊性越高的归因情景，对归因者而言归因的难度越大。为了验证该推测，汉密尔顿（Hamilton，1986）进行了实验研究。通过实验操控归因任务的难易程度的情景，划分了三种归因类型：偏个人归因条件、偏刺激归因条件和混合条件。前两种归因倾向较高，而第三种归因的模糊性强。最终发现混合条件造成了更困难的归因任务，导致归因前对信息更加精细的加工，从而产生了更好的提取效果。

费舍宾（Fishbein）的"多重归因效用模型"中，消费者态度的形成或改变受到消费者产品信念的影响；而信念基于产品若干产品内部线索（如可靠性、耐用性等）和外部线索（如定价、品牌名称）等。当内在线索缺失或需使用体验时，消费者形成以外在线索为主的评价模式，利用外在线索推断内在线索。由此，在消费者对责任不清的产品伤害危机进行客观的归因时，如果缺乏充分的危机内在信息进行归因，消费者会利用很多与产品伤害事件无关的外部信息（其中，就包括原有声誉）来推断内部线索，形成以外部线索为主的归因模式。当责任的模糊程度越大，消费者对外部线索的依赖程度越高，原有企业声誉对归因的影响也就越大。

在产品安全性模糊不清的危机情景中，如果消费者无法依靠危机信息判断产品是否存在安全性问题，那么原有声誉在消费者的归因认知中就发挥了更加积极的作用。而在产品被证实和认定存在安全性问题，但导致原因尚且模糊不清时，如果消费者缺乏导致危机产生的多种原因的认知，而由消费者直接归因时，由于归因偏向和防御性归因的影响，消费者会倾向认为是由于企业过错导致产品存在安全性问题，则原有良好声誉通过提升期望不一致的感知，加深了危机给企业带来的负面影响。当消费者认为危机产生存在多个可能性原因时，依据折扣原则（discounting principle），则某一给定原因的作用将被折扣（Kelley，1973）。因此，危机产生的可能性原因越多，发生的折扣效应越大，企业被认定有责的可能性越低。此时，原有良好声誉能够通过积极影响归因发挥保护作用。

因此，提出假设：

H12：在模糊不清的产品伤害危机中，原因分析的模糊程度（是否给出多种原因分析）调节了原有良好企业声誉所发挥的作用。

4.1.4　不同产品伤害危机情景中原有良好企业声誉破坏作用分析

基于社会心理学与组织行为学，奥利弗（Oliver）等人提出期望—不一致（expectancy—disconfirmation）理论。模型包括两个阶段：第一阶段，消费者消费前经由原有的产品态度、认知和评价形成对产品和服务的期望；实际购买和消费之后，将实际感知绩效与原有期望进行比较，产生不一致（差距）的结果。第二阶段，期望和实际绩效差距的大小与方向将形成满意与否的评价，同时消费者将体验到不同程度的负面或正面的情绪。"不一致"的结果导致消费者不同的"满意"反应：当实际绩效与期望等同时，顾客感知"适度的满意"（Moderate Satisfaction）；当实际绩效超过期望时，感知"满意"；当实际绩效小于期望时，导致"不满意"。

施威格尔（Schwaiger，2004）的企业声誉测量和解释模型，包括产品服务质量、经营管理绩效、社会责任和吸引力四个因素。由此可知，从消费者的角度对良好声誉企业的期望可以表现为：提供高质量的产品，并且管理严格、有更强的实力和能力满足消费者的需要，在日常的经营中充分考虑消费者的利益等。因此，在产品伤害危机中，期望不一致首先是企业提供的产品质量与消费者的期望存在差异，其次是导致产品存在问题的企业行为与消费者期望存在差异。在产品安全性问题已经得到认定，而企业行为属性尚不清晰的危机中，期望不一致限于产品的期望不一致。而企业过错行为完全清晰的危机类型中，期望不一致既包括产品的期望不一致和企业行为的期望不一致。

消费者对企业原有良好声誉的认知，使得消费者相信企业会为其提供安全可靠的产品，并且在日常生产和经营的过程，充分考虑和维护消费者的利益。这也是良好的声誉给企业带来的积极作用，增强了消费者对企业所提供的产品和服务的信心（Fombrun，1998；Lafferty & Goldsmith，1999）。在模糊不清的危机中，原有声誉影响了消费者对模糊危机情景的解释，使其趋于与原有认知保持一致。原有良好声誉降低了消费者对企业责任的感知，最终可能导致与一般声誉的期望不一致并不存在差异。因此，我们推测在产品安全性模糊不清的危机中，期望不一致不存在中介作用，并且在产品不安全但原因模糊不清的危机中，期望不一致也不存在中介作用。但是，当权威机构充分的证据已经显示企业为消费者提供的产品存在安全性问题，并且是由于企业的过错导致产品伤害危机的发生时，这一事实结果，与原有消费者对企业产品和行为认知期望不但在大小上，甚至在方向上都存在着差距，必然引发消费者对企业的不满和责备。消费者感知的期望差异越大，则消费者内心对企业的责备程度越高，造成危机后品牌态度越低（Klein & Dawar，2004；王丽丽等，2009）。

因此，提出假设：

在不同的产品伤害危机情景中，期望不一致的中介作用存在差异。

H13：在产品安全性模糊不清的产品伤害危机中，原有良好声誉对期望不一致无影响，即原有良好企业声誉未通过期望不一致发挥破坏作用。

H14：在产品不安全但是原因模糊不清的产品伤害危机中，原有企业声誉对期望不一致无影响，即原有良好企业声誉未通过期望不一致发挥破坏作用。

H15：在企业过错行为清晰的产品伤害危机中，原有企业声誉越良好，消费者感知的期望不一致越大，进而导致消费者态度转变越大，即原有良好企业声誉通过期望不一致发挥破坏作用。

4.1.5 研究的控制变量

控制变量主要是分析影响消费者态度转变的其他因素。

1. 企业应对方式

在前面的章节中，已经分析影响消费者态度转变的两个重要因素，分别为危机情景认知和企业应对方式。情景信息的构成中，本章研究中只有对危机情景的描述，而没有加入企业应对方式的信息。

2. 危机历史（企业以往相似危机的历史记录）

第一次的宽恕能够保护消费者态度降低减少，但是态度的确定性却大大降低。危机过后，虽然宽恕但是不会遗忘。当类似危机再次发生时，则加大了此次危机的破坏作用。有了危机的历史，再次原谅宽恕的可能性变小。同时，道歉承诺这些方式发挥的修复效力也将减弱，最终消费者态度由正变负，购买意愿消失。所以，本次研究限定企业危机历史为零，操控中剔除对此类危机熟悉，以及对类似危机熟悉的被试。

3. 感知伤害结果的严重性

根据王晓玉（2011）的研究发现，感知伤害结果的严重性调节了品牌资产的作用，消费者感知伤害结果的严重性高时，品牌资产越高，消费者态度下降的程度越大。并且，根据防御性归因理论分析，当消费者感知伤害结果严重性越高时，消费者越倾向保护自身利益免受伤害的防御性归因，更加倾向于企业存在过错、故意性和稳定性归因，造成消费者态度下降程度增加。在企业过错行为清晰的危机中，伤害结果的严重性与危机后的消费者态度成正比。当感知伤害结果的严重性非常高时，导致危机后的消费者态度发生地板效应，就无法准确研究假设的正确性。所以，控制感知伤害结果的严重性处于较低水平。

4. 信息真实性

本次研究主要分析信息源不同导致结论可靠性的分析，所以要确保信息真实可信。本次研究采取了以新闻报道的形式，并且给出报纸名称和日期，从信息内容构成设计上增加被试对信息内容的真实感。

5. 消费者对危机和产品安全问题的熟悉程度

为了降低消费者已有知识和信息对研究结论的影响，我们选择消费者对类似危机、产品质量影响因素和产品安全问题熟悉度较低的被试。

4.1.6 小结

将研究假设根据不同危机情景，分别汇总如下：

产品安全性模糊不清的危机中，研究假设：

H1：在产品安全性模糊不清的危机中，原有企业声誉越良好，危机后消费者态度也越高，即原有良好声誉能够发挥账户作用。

H4：在产品安全性模糊不清的危机类型中（即缺乏权威结论证实产品存在安全性问题），原有良好企业声誉越良好，越质疑结论可靠性，从而消费者态度改变越小，即原有良好声誉通过结论可靠性发挥保护作用。

H7：在产品安全性模糊不清的危机类型中，当信息源发于非权威检测机构，原有良好企业声誉越良好，消费者归因越倾向无责任的、非故意的和偶然性的，从而消费者态度改变越小，即责任归因、意图性归因和稳定性归因是原有良好声誉发挥保护作用的中介机制。

H12：在模糊不清的产品伤害危机中，原因分析的模糊度（是否给出多种备选原因）调节了原有企业声誉所发挥的作用。

H13：在产品安全性模糊不清的产品伤害危机中，原有良好声誉对期望不一致无影响，即原有良好企业声誉未通过期望不一致发挥破坏作用。

产品不安全但原因模糊不清的危机中，研究假设：

H2：在产品不安全但原因模糊不清的危机中，原有企业声誉越良好，危机后消费者态度也越高，即原有良好声誉能够发挥账户作用。

H5：在产品不安全但原因模糊不清危机中，即存在权威结论，原有企业声誉不会对消费者所感知的结论可靠性产生影响，即结论可靠性不是原有良好声誉发挥积极作用的作用机制。

H8：在产品不安全但原因模糊不清危机中，原有企业声誉越良好，消费者导致危机产生的企业行为属性越归因于外部不可控的、非故意的和不稳定的，进而导致消费者态度转变越小，即归因属性的 3 个维度在企业声誉与消费者态度转变发挥中介作用。

H12：在模糊不清的产品伤害危机中，原因分析的模糊度（是否给出多种原因），调节了原有企业声誉所发挥的作用。

H14：在产品不安全但原因模糊不清危机中，原有企业声誉对期望不一致无影响，即原有良好企业声誉未通过期望不一致发挥破坏作用。

企业过错行为清晰的危机中，研究假设：

H3：在企业过错清晰的危机中，原有企业声誉对危机后消费者态度的影响存在差异：

H3a：在核心能力失败和非核心能力失败的危机中，原有企业声誉越良好，危机后消费者态度也越高，即原有良好声誉能够发挥账户作用。

H3b：在道德不良的危机中，原有企业声誉对危机后消费者态度无影响，即原有良好声誉没有发挥账户作用。

H6：在企业过错行为清晰的危机类型中（即存在权威结论），原有企业声誉不会对消费者所感知的结论可靠性产生影响，即结论可靠性不是原有良好声誉发挥积极作用的作用机制。

H9：在企业过错行为清晰的三种危机类型中，原有良好企业声誉不会对责任归因产生影响，即责任归因未发挥中介作用。

H10：在企业过错行为清晰的三种危机类型中，原有良好企业声誉不会对意图性归因产生影响，即意图性归因未发挥中介作用。

H11：在企业过错行为清晰的危机情景中，原有企业声誉与行为稳定性归因的关系存在差异。

H11a：在非核心能力失败和核心能力失败的危机情景中，原有良好企业声誉通过对稳定性归因的影响，降低了消费者态度转变，即原有良好企业声誉通过稳定性归因发挥保护作用。

H11b：在道德不良的危机情景中，原有良好企业声誉与稳定性归因无关，即原有良好企业声誉未通过稳定性归因发挥保护作用。

H15：在企业过错行为清晰的产品伤害危机中，原有企业声誉越良好，消费者感知的期望不一致越大，进而导致消费者态度转变越大，即原有良好企业声誉通过期望不一致发挥破坏作用。

4.2　产品安全性模糊不清的危机情景下的研究

本书对此类情景的操控是信息源发于消费者投诉和大学研究小组检测；利用是否给出多种原因分析，进行原因模糊度的操控。通过给出多种原因提高了被试原因分析的模糊程度。理论基础是基于归因的"折扣理论（discounting principle）"，当给出多种原因后，造成某一原因的作用被折扣（Kelley，1973）。研究一采用虚拟企业并模拟产品伤害危机的情景，设计了2（原有企业声誉类别：良好声誉和一般声誉）×2（危机源发于消费者和大学研究小组）×2（给出和未给出多种原因分析）三因素组间实验。被试为同质的大学生样本。

4.2.1　刺激物的选择和情景设计

本研究选择方便面作为研究的刺激物，并事前采用学生样本进行了预测试，表明学生对该类别产品较熟悉。实验中采用虚拟企业，能够有效地避免无关变量对结果的干扰和影响，保证实验信度。

实验材料包括两个部分：一是操控企业声誉的刺激材料，包括虚拟品牌介绍的相关信息；二是有关产品伤害危机的模拟情景，危机源发于消费者或者大学研究小组，同时划分给出和未给出多种原因分析两个组别。

1. 企业声誉的基本信息设计

企业声誉激发材料内容的设计，根据以往学者对企业声誉驱动因素的研究结论（Schwaiger，2004），并结合此次研究中对企业声誉概念和维度的界定，选择从以下的几个方面（企业的资产规模；经营年限；经营绩效；市场销售覆盖区域；该企业品牌在市场中的竞争地位；企业品牌知名度；其他消费者对该品牌的总体评价等）构成企业声誉的刺激材料。该企业采取同一品牌结构，企业名称和品牌名称一致。并且，此次研究主要关注良好企业声誉，因此激发材料设计只包括良好声誉与一般声誉两类。结合产品类别的特征，设计方便面的品牌名称为"力源"，目的是增加被试对实验材料的可信度，提高实验效度。

企业声誉激发材料如下：

良好声誉企业的介绍：

"力源"方便面是法国力源集团的品牌。总部设于法国巴黎的力源集团始创于 1929 年，至今已有 70 多年的历史，是一个业务极为多元化的跨国食品公司，生产的产品包括：方便面、酸奶、牛奶、饼干、饮料，等等。在法国等销售地区的媒体上，经常能够看到力源食品的广告。2011年集团的总营业额达到 83 亿法郎。力源集团是法国最大的食品集团，亦是欧洲第三大食品集团，全球同类行业并列第 6 名。力源食品有超过四十年的出口历史，业务遍及欧洲，以及中东各国，近期计划开拓中国市场。力源集团拥有设备先进的产品、检测和开发实验室，以及众多优秀的专业技术人才和工艺专家，构建了严谨规范的全员质量管理体系。集团旗下各类产品一直受到消费者的广泛好评，在法国食品行业消费者口碑调查中，评为"最为信赖的公司"。

一般声誉企业的介绍：

"力源"方便面是上海力源食品集团的品牌，总部设于中国上海，创建于 2002 年，至今已有 8 年的历史，产品种类包括：方便面、酸奶、牛奶、饮料、饼干等等。2011 年集团的总营业额 2000 万人民币。力源集团产品销售的区域主要覆盖上海、江苏、浙江地区。在中央和地方的电视媒体上，能够看到力源食品的广告，但频率不是很高。通过对市场的随机调查结果显示，有13.6%消费者听说过力源品牌的食品；并且对购买过力源食品的消费者调查显示，消费者满意度为40.3%。在2011年，我国食品消费市场49个候选品牌"消费者口碑评价"中，处于行业的中等水平。

2. 危机情景的虚拟材料

产品伤害危机的情景材料参考了现实中已经发生的危机，由现实危机信息改编而成。采用新闻报道的形式进行信息设计。下面危机材料中，设定良好声誉和一般声誉分别为法国品牌和中国品牌。

产品安全性模糊不清的产品伤害危机（信息来源于消费者）：

当地消费者权益保护协会陆续接到7起消费者投诉力源方便面的案件。大都声称购买和食用力源方便面后发生了轻微腹泻的症状，在自行用药和停止食用后痊愈。

当地质检部门已经介入调查。但到目前为止，相关权威部门还没有给出确切的结论，表明消费者出现腹泻的根本原因。

多种原因分析信息：

记者采访了相关的专家，他们解释导致腹泻的原因存在以下可能：

（1）该品牌方便面在原料采购、存储或生产过程存在问题，导致食品轻度污染；胃肠功能较弱的消费者容易引发腹泻。

（2）在7起投诉中，所有受害方在食用该品牌方便面的同时，还食用了其他食品，也并不能排除由于其他食品导致腹泻的可能。

（3）流通环节中，超市、商店保存不当（如产品被暴晒或放置于温度较高的环境中），产品（面饼或酱包等）轻度发酵变质，引发腹泻。

产品安全性模糊不清的产品伤害危机（信息来源于大学研究小组）：

某大学食品工程系科研小组在对市场上所售方便面进行调研分析时发现，该品牌方便面苯甲酸含量超标达0.53g/kg（国家严格规定的安全剂量为小于等于 0.5g/kg），长期过量食用将给消费者的身体健康造成危害。苯甲酸是国家批准的食品添加剂，用以抑制微生物的生长繁殖，能够延长食品的保质期，因其成本低廉，成为食品企业普遍采用的防腐剂。

针对此次发生的事件，当地质检部门已经介入调查。但到目前为止，相关权威部门还没有给出确切的结论。

多种原因分析信息：

记者采访了相关的专家，称可能存在的原因有以下几种：

（1）生产过程中，过量的苯甲酸进入产品，造成超标。过量苯甲酸进入产品的原因，有可能是企业故意添加、控制添加防腐剂的机器设备故障或者负责添加防腐剂的人员操作失误。

（2）该研究小组研究技术和手段有限，造成研究结论有误。

（3）从市场上购买用作检测的方便面为假冒伪劣产品。

4.2.2　实验量表设计与评价方法选择

1. 本次研究中自变量和因变量的测量

（1）企业声誉。企业声誉反映了消费者对某个企业整体市场表现和可靠性的评价。企业声誉测量内容包括企业经营绩效、社会责任、产品和服务质量。选择这三个方面的原因是：一是不同的企业声誉评测体系的共同因素；二是消费者最关注的点；三是通过产品伤害危机相关案例和文献回顾发现，在产品伤害危机情景中，这三个方面对消费者的影响最密切，而声誉其他方面（如愿景领导力、工作环境、创新力等）基本涉及不到。企业始终如一的提供高质量的产品和服务，是企业声誉的主要驱动来源（Fearnley，1993）。企业社会责任要求企业不能把利润作为唯一目标，强调在经营管理中对消费者、对环境、对社会利益的关注（Fombrun et al.，2000）。企业经营绩效反映企业在竞争中的地位和经营管理水平，是企业一段时期内的经营效益。

借鉴以下文献中（Schwaiger，2004；Doney & Cannon，1997；lee &

Lau, 1996；Selnes, 1993）企业声誉量表采取的测量题项，并根据研究内容的要求，为了更贴近顾客群体对声誉的关注点，我们对测项进行了调整。本次研究对企业声誉采用单维度、7 级李克特量表测量，要求被访者按照自己的真实想法进行填答。具体测量题目如下：

1. 你认为该企业声誉如何？
2. 你认为该企业在市场上的知名度如何？
3. 你认为企业在同类竞争者中表现优异吗？
4. 你认为该企业会关心消费者利益吗？
5. 你认为该企业的产品质量如何？

（2）消费者态度。消费者态度是消费者对企业品牌的整体感知和情感体验，反映了购买决策者对某一特定品牌的好恶程度。消费群体通过经验（包括直接的消费经验和间接他人或媒体宣传）形成的对该企业的正面或负面的评价和判断，进而产生倾向于购买或不购买该企业产品的心理状态。消费者态度可以通过单维、二维、三维来测量。根据态度维度的划分，态度的二维结构包括认知和情感；三维结构包括认知、情感和意向。本次研究只关注消费者对企业品牌整体态度的改变，因此采用单一维度测量。根据普利斯特（priester, 2004）的量表，包括 3 个题项（Cronbach's $\alpha = 0.97$），所有题项采用李克特 7 级量表衡量。同时，这 3 个题项在若干文献的消费者态度测量中应用最为广泛。具体题项内容如下：

1. 你对该企业品牌的印象如何？
2. 你对该企业品牌的态度如何？
3. 你对该企业品牌的喜爱程度如何？

（3）结论可靠性。结论可靠性是指消费者感知信息源所提供的产品

是否存在安全性的判断结论是否可信。借鉴王晓玉（2011）的量表，本次研究通过正反 2 个题项对结论可靠性进行测量，具体测量内容如下：

---

1. 你认为报道中（消费者/政府/大学研究小组）对产品安全性问题的结论是可靠的吗？

2. 你认为报道中对产品安全性问题的结论值得怀疑吗？

（4）责任归因。借鉴李雁晨（2010）、劳弗（Laufer et al.，2009）、练叔凡（2008）、克雷恩和达沃（Klein & Dawar，2004）的量表，结合研究内容，我们通过 4 个题项对责任归因进行测量，采用李克特 7 级量。具体题项内容如下：

---

1. 你认企业应当对此次危机的发生承担责任吗？

2. 你认为是企业的过错导致危机的发生吗？

3. 你认为此次危机的发生是由于企业可控的因素导致的吗？

4. 你认为此次危机中，企业本身能控制消费者伤害结果的发生吗？

（5）意图性归因。借鉴刘永芳（1998）中对意图归因的研究结论，结合对 24 名消费者的深度访谈，我们发现消费者对企业行为的意图性主要表述为"故意""有意""明知故犯""知道产品有害""知道企业的行为不当，有可能给消费者造成危害"。前三种表述是对行为主体主观意图的整体抽象描述，而后两种表述更具体侧重行为主体是否能够预知或有可能预知到行为结果的发生。因此，采用 2 个题项对意图性归因进行测量，具体测项如下：

---

1. 你认为企业能否预测到产品可能会对消费者产生伤害？

2. 你认为企业是否故意为之，最终导致消费者受到伤害吗？

（6）稳定性归因。借鉴李雁晨（2010）、练叔凡（2008）、克雷恩和达沃（Klein & Dawar，2004）的量表，结合研究内容，我们通过 3 个题项对稳定归因进行测量，具体题项内容如下：

---

1. 你认为该企业未来再次发生产品质量危机的可能性有多大？

2. 你认为此次事件是否反映企业整体质量水平不高？

3. 你认为此次事件的发生决非一次偶然，可能是企业一贯存在质量隐患导致的吗？

（7）期望不一致。期望不一致是指消费者对期望和实际绩效比较结果的感知。在产品伤害危机情景中，是指消费者感知到危机中产品存在安全性风险，以及导致风险的企业行为与其先前对产品安全性和企业行为的预期，两者之间进行比较的感知。本次研究采用一维指标测量，询问消费者对期望和实际绩效比较的感知评价不一致程度；并结合王晓玉（2011）的量表中的题项，最终通过 3 个题项进行测量。采用李克特 7 级语义差异量表测量。具体题项内容如下：

---

1. 你认为该企业产品质量（安全性）和你的期望相比，有多大差距？

2. 这一危机事件与您原先对该企业期望的感知差异有多大？

3. 这一危机事件对您原先对该企业期望的破坏程度有多大？

---

2. 量表评价方法的选择

本此研究采用克隆巴赫系数（Cronbach's α）系数检验量表的信度。根据农纳利（Nunnally，1978）的观点，通常情况下 Cranbach's α 系数在 0.6 以上，被认为量表具有较高的可信度。

各个变量收敛效度和区别效度的检验采用因子分析方法。因子分析前，根据 KMO 值检验测量项目之间相关性。当 KMO 值较高时，才适合做因子分析。马庆国（2002）的指标评判标准认为，KMO 值大于 0.9，非常适合；0.8～0.9很适合；0.7～0.8适合；0.6～0.7不太适合；0.5～0.6很勉强；0.5以下不适合。本此研究控制因子分析的KMO值在0.7以上。本此研究采用主成分分析法检测各个变量的结构效度，并用方差最大法进行因子正交旋转。各变量问项因素负荷值经转轴后的成分矩阵得到，负荷值越大，表示收敛效度越高（通常应大于0.5）（Hair et al.，2006）。

4.2.3　实验步骤

为了避免无关变量对结果的干扰，随机发放模拟情景中的一套问卷给每个被试，并且，被试不了解实验的真正目的和意义。

实验步骤：第一，主试人员对被试解释实验的用途、实验的流程及如何填答问卷，控制用时2分钟，为了防止被试迎合性的回答，笔者声称此次调研为某品牌的市场调研；第二，向被试发放有关企业声誉测量的信息卡片和题项问卷，要求被试认真阅读并填答问项；第三，被试填答完毕后，主试人员回收问卷；第四，发放危机情景的信息卡片和题项问卷，要求被试认真阅读并填答问项；第五，被试填答完毕后，主试人员回收问卷；第六，对大家的参与表示感谢，并告知被试此次实验中所给信息均为虚构，避免他们对现实企业或品牌产生怀疑。在问卷整理完毕之后，经审阅的有效问卷，给予被试相应的报酬，整个实验用时15分钟，实验进程由作者亲自操控，并由该班级的任课教师现场协助完成。

4.2.4　结果与分析

1. 样本概况

高校280名学生参加了本次实验，回收问卷277份，删除未完整作答的、前后题项出现矛盾的，最终有效问卷231份，有效回收率82.5%。其中，男性103名，女性128名，男性样本和女性样本分别占44.6%和55.4%。在心理学实验中，每组被试在20～30名就可以有显著效果（Maccallum et al.，1996）。本次研究中，不同情境组别的有效问卷数量如

表 4 – 1 所示。因此，样本量满足了实验要求。

表 4 – 1　　　　　　　　　　不同情境组别被试个数

原有企业声誉	危机信息来源	是否给出多种原因分析	被试个数
良好企业声誉	消费者	否	26
良好企业声誉	消费者	是	27
一般企业声誉	消费者	否	28
一般企业声誉	消费者	是	31
良好企业声誉	大学研究小组	否	28
良好企业声誉	大学研究小组	是	30
一般企业声誉	大学研究小组	否	29
一般企业声誉	大学研究小组	是	32
总计			231

2. 操控检验

第一，是对企业声誉操控检验。本此研究对企业声誉的测量包括 5 个题项（$a = 0.909$）。以企业声誉平均得分为因变量，以声誉操控类别为自变量的方差分析表明，良好声誉组企业声誉平均得分显著高于一般声誉组（$M_{良好} = 5.98$（1.14），$M_{一般} = 4.57$（1.20），$F(1, 229) = 82.702$，$p < 0.001$）。上述结果表明，良好声誉组和一般声誉组的操控是成功的。由于本实验的被试是学生样本，排除了样本的异质性可能带来的混杂效应。

第二，是对两种危机情景感知伤害结果严重程度的操控检验。被试对两种危机情景中伤害结果的严重程度感知无差异（$M_{消费者} = 3.87$（1.32），$M_{大学研究小组} = 4.05$（1.19），$F(1, 229) = 1.168$，$p = 0.281 > 0.1$），说明两种危机情景中被试感知伤害结果的严重性是一样的；不同声誉组别被试对危机情景中伤害结果的严重程度感知无差异（$M_{良好} = 4.02$（1.22），$M_{一般} = 3.92$（1.08），$F(1, 229) = 0.378$，$p = 0.540 > 0.5$），有效控制了感知伤害结果对实验的干扰。

第三，危机情景。对于危机情景，本此研究采用题项测量，"你认为消费者（大学研究小组、政府检测机构）给出该产品存在安全问题的结论是否具有权威性?"。分析被试对材料是否正确理解。直接剔除选择得分大于 4 的被试。最终保证操控的有效性。

3. 各个变量信度和效度检验

利用 Cronbach's α 系数检验问卷信度；各个变量的测量参考了以往该领域的成熟量表，并经过了试填、讨论和反复修改，具有较好的内容效度；另外，采用探索性因子分析（EFA）验证以上变量测项构成问卷的结构效度。

企业声誉 5 个题项的 Cronbach's α 系数为 0.869，KMO 值为 0.837，通过 Bartlett 球体检验，提取一个因子方差解释率为 61.253%。前测消费者态度 Cronbach's α 系数为 0.911，KMO 值为 0.879，通过 Bartlett 球体检验，提取一个因子方差解释率为 65.091%；后测消费者态度 Cronbach's α 系数为 0.893，说明该量表具有较高的信度，KMO 值为 0.874，通过 Bartlett 球体检验，提取一个因子方差解释率为 61.668%。结论可靠性由两个题项构成，Cronbach's α 系数为 0.975，提取一个因子，方差解释率为 96.150%。消费者归因：责任归因分量表包括 4 个题项，信度分析显示 Cronbach's α 系数为 0.890，意图性归因分量表包括 2 个题项，信度分析显示 Cronbach's α 系数为 0.917，稳定性归因分量表包括 3 个题项，信度分析显示 Cronbach's α 系数为 0.831，说明量表信度较高。对 9 个归因题项一起进行因子分析，探索性因子表明从属于 3 个维度，KMO 值为 0.863，累积解释方差为 59.917%。期望不一致 3 个题项的 Cronbach's α 系数为 0.895，KMO 值为 0.871，通过 Bartlett 球体检验，说明数据适合进行因子分析，提取一个因子方差解释率为 77.624%。

并且，每个题项在对应因子上的载荷均大于 0.5。综上所述，本次研究选择的各个变量的测量量表具有很高的信度和效度。由于相应变量的测量题项均表现出可以接受的内部一致性，本次研究采用每个变量的相应测量题项得分加总后的均值作为该变量的最终计算指标。

4. 假设检验

（1）原有企业声誉对危机后消费者态度的影响。以原有企业声誉、危机信息来源和是否给出多种原因分析作为自变量，以危机后消费者态度为因变量进行被试间多因素方差分析。最终分析结果如表4-2、表4-3所示。

表4-2　　　　　　危机后消费者态度为因变量的方差分析结果

来源	Ⅲ型平方和	自由度	均方	F 值	显著性
原有企业声誉	253.041	1	253.041	276.584	0.000
危机信息来源	0.848	1	0.848	0.927	0.337
是否给出多种原因分析	33.960	1	33.960	37.120	0.000
原有企业声誉 * 危机信息来源	0.366	1	0.366	0.400	0.528
原有企业声誉 * 是否给出多种原因分析	3.728	1	3.728	4.075	0.045
危机信息来源 * 是否给出多种原因分析	0.003	1	0.003	0.003	0.956
企业声誉 * 危机信息来源 * 是否给出多种原因分析	0.123	1	0.123	0.135	0.714
误差	204.018	223	0.915		

表4-3　　　　　　各实验组危机后消费者态度均值

原有企业声誉	危机信息来源	是否给出多种原因分析	均值	标准差
良好声誉	消费者	否	4.3920	0.95634
		是	5.4545	0.65276
	大学研究小组	否	4.3933	1.05007
		是	5.3734	0.72099

续表

原有企业声誉	危机信息来源	是否给出多种原因分析	均值	标准差
一般声誉	消费者	否	2.6749	1.18787
		是	3.1356	0.90206
	大学研究小组	否	2.4205	1.10206
		是	2.9876	0.96239

　　方差分析的结果表明，原有企业声誉的主效应显著（$F(1, 223) = 276.584$，$p < 0.001$）；在产品伤害危机发生后，原有良好声誉组别的消费者态度，显著高于原有一般声誉组别的消费者态度（$M_{良好} = 4.92$，$M_{一般} = 2.82$）。假设 1 得到了数据结果支持，表明在模糊不清的产品危机中，当缺乏权威证据时，原有良好企业声誉发挥了账户作用，危机后消费者对良好声誉的态度还是大于一般声誉企业。并且，原有企业声誉类型与是否给出多种原因分析的交互作用显著（$F(1, 223) = 4.075$，$p < 0.05$）。如图 4－1 所示，在给出多种原因分析的条件下，原有良好企业声誉发挥的账户作用更强。假设 12 得到验证。

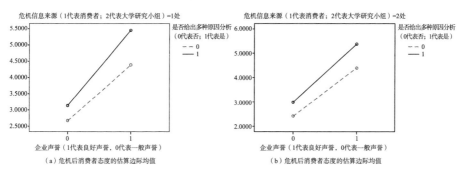

图 4－1　不同信息来源组原有声誉对危机后消费者态度影响

　　（2）原有企业声誉对危机前后消费者态度变动的影响。研究中因变量消费者态度变动 = 消费者态度的后测值—消费者态度前测值。自变量为原有企业声誉、危机信息来源和是否给出多种原因分析，进行被试间多因素方差分析。数据结果如表4－4、表4－5所示。

表4－4 消费者态度转变为因变量的方差分析结果

来源	Ⅲ型平方和	自由度	均方	F 值	显著性
企业声誉类型	32.766	1	32.766	67.844	0.000
危机信息来源	0.746	1	0.746	1.545	0.215
是否给出多种原因分析	25.496	1	25.496	52.790	0.000
企业声誉类型＊危机信息来源	0.109	1	0.109	0.225	0.636
企业声誉类型＊是否给出多种原因分析	5.683	1	5.683	11.767	0.001
危机信息来源＊是否给出多种原因分析	0.242	1	0.242	0.501	0.480
企业声誉＊危机信息来源＊是否给出多种原因分析	0.001	1	0.001	0.002	0.964
误差	107.710	223	0.483		

表4－5 各实验组危机后消费者态度转变均值

原有企业声誉	危机信息来源	是否给出多种原因分析	均值	标准差
良好声誉	消费者	否	-1.4065	0.67980
		是	-0.4953	0.44764
	大学研究小组	否	-1.6329	0.73377
		是	-0.5836	0.52392
一般声誉	消费者	否	-1.8946	0.87052
		是	-1.6038	0.63980
	大学研究小组	否	-2.0258	0.83309
		是	-1.6136	0.72438

分析结果显示原有企业声誉的主效应显著（$F(1, 223) = 67.844$，

$p < 0.001$）；危机信息来源的主效应不显著（$F(1, 223) = 1.545$，$p > 0.1$）；是否给出多种原因分析的主效应显著（$F(1, 223) = 52.790$，$p < 0.001$）；原有企业声誉与是否给出多种原因分析信息的交互效应显著（$F(1, 223) = 11.767$，$p < 0.01$）。因此，在产品安全性模糊不清的危机中，原有良好企业声誉发挥了积极的保护作用。如图4-2所示，原有良好企业声誉在给出多种原因分析条件下，发挥的影响作用更强，假设12得到验证。

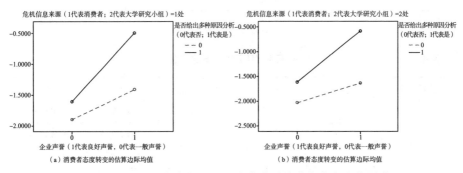

图4-2 不同信息来源组，原有声誉对消费者态度改变影响

（3）原有企业声誉对结论可靠性的影响。以原有企业声誉、危机信息来源和是否给出多种原因分析作为自变量，以消费者感知结论可靠性作为因变量进行被试间多因素方差分析。最终分析结果如表4-6、表4-7所示。

表4-6　　　　　　　结论可靠性为自变量的方差分析结果

来源	Ⅲ型平方和	自由度	均方	F 值	显著性
原有企业声誉	50.678	1	50.678	45.816	0.000
危机信息来源	0.637	1	0.637	0.576	0.449
是否给出多种原因分析	8.303	1	8.303	7.506	0.007
原有企业声誉 * 危机信息来源	0.152	1	0.152	0.138	0.711

续表

来源	Ⅲ型平方和	自由度	均方	F 值	显著性
原有企业声誉 * 是否给出多种原因分析	0.033	1	0.033	0.030	0.863
危机信息来源 * 是否给出多种原因分析	0.031	1	0.031	0.028	0.867
企业声誉 * 危机信息来源 * 是否给出多种原因分析	0.005	1	0.005	0.005	0.945
误差	246.666	223	1.106		

表 4 - 7   **各实验组结论可靠性均值**

声誉类别	信息来源类型	是否给出原因分析信息	均值	标准差
良好声誉	消费者	否	2.8301	1.08765
		是	2.4879	0.93255
	大学研究小组	否	3.0005	1.13248
		是	2.6308	0.99257
一般声誉	消费者	否	3.8348	1.20039
		是	3.4646	1.09345
	大学研究小组	否	3.9214	0.93957
		是	3.4846	1.01265

方差分析的结果表明，企业声誉类型的主效应显著（$M_{良好} = 2.74$，$M_{一般} = 3.69$，$F(1, 223) = 45.816$，$p < 0.001$）；危机信息来源的主效应不显著（$F(1, 223) = 0.576$，$p > 0.1$）；是否给出多种原因分析的主效应显著（$M_{给出} = 3.04$，$M_{未给出} = 3.42$，$F(1, 223) = 7.506$，$p < 0.01$）；三者之间不存在任何的交互作用（$F(1, 223) = 0.005$，$p > 0.5$）。中介机制分析中，结论可靠性有可能发挥中介作用，但是确凿的证据有待于在中介效应分析中进一步验证。

（4）原有企业声誉对消费者归因的影响。以原有企业声誉、危机情景类型作为自变量，以危机后消费者责任归因、稳定性归因、意图性归因作为因变量进行被试间多因素方差分析。

责任归因最终分析结果如表 4 - 8、表 4 - 9 所示。

表 4 - 8　　　　　　　　责任归因为自变量的方差分析结果

来源	Ⅲ型平方和	自由度	均方	F 值	显著性
原有企业声誉	83.177	1	83.177	98.798	0.000
危机信息来源	1.057	1	1.057	1.256	0.264
是否给出多种原因分析	41.526	1	41.526	49.325	0.000
原有企业声誉 * 危机信息来源	0.020	1	0.020	0.024	0.878
原有企业声誉 * 是否给出多种原因分析	5.586	1	5.586	6.635	0.011
危机信息来源 * 是否给出多种原因分析	0.014	1	0.014	0.016	0.898
企业声誉 * 危机信息来源 * 是否给出多种原因分析	0.016	1	0.016	0.019	0.889
误差	187.742	223	0.842		

表 4 - 9　　　　　　　　各实验组危机后责任归因均值

原有企业声誉	危机信息来源	是否给出多种原因分析	均值	标准差
良好声誉	消费者	否	3.3590	0.78800
		是	2.1989	1.10028
	大学研究小组	否	3.4773	0.80126
		是	2.3145	1.12879
一般声誉	消费者	否	4.2483	0.95524
		是	3.6778	0.74291
	大学研究小组	否	4.3701	1.00532
		是	3.8644	0.73973

方差分析的结果表明，原有企业声誉的主效应显著（$F(1, 223) = 98.798$，$p < 0.001$）假设4部分得到验证；危机信息来源的主效应不显著（$F(1, 223) = 1.256$，$p > 0.1$）；是否给出多种原因分析的主效应显著（$F(1, 223) = 49.325$，$p < 0.001$）；其中，原有企业声誉与是否给出多种原因分析的交互效应显著（$F(1, 223) = 6.635$，$p < 0.05$）。如图4-3所示，在给出多种原因分析条件下，原有良好企业声誉发挥的影响作用更强。表明在这两种危机情景中，责任归因有可能是原有企业声誉与消费者态度转变之间的中介变量。需要在中介检验中进一步分析。

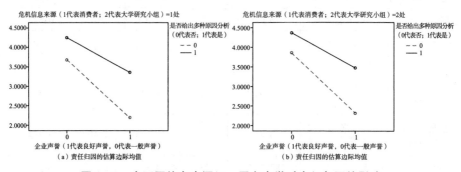

图4-3 在不同信息来源组，原有声誉对责任归因的影响

意图性归因最终分析结果如表4-10、表4-11所示。

表4-10 意图性归因为因变量的方差分析结果

来源	Ⅲ型平方和	自由度	均方	F值	显著性
原有企业声誉	1.067	1	1.067	0.931	0.336
危机信息来源	0.905	1	0.905	0.789	0.375
是否给出多种原因分析	0.590	1	0.590	0.515	0.474
原有企业声誉 * 危机信息来源	0.063	1	0.063	0.055	0.815
原有企业声誉 * 是否给出多种原因分析	0.638	1	0.638	0.556	0.456

续表

来源	Ⅲ型平方和	自由度	均方	F 值	显著性
危机信息来源 * 是否给出多种原因分析	0.020	1	0.020	0.017	0.895
企业声誉 * 危机信息来源 * 是否给出多种原因分析	0.131	1	0.131	0.115	0.735
误差	255.638	223	1.146		

表 4 – 11　　　　　　　　　各实验组危机后意图性归因均值

原有企业声誉	危机信息来源	是否给出多种原因分析	均值	标准差
良好声誉	消费者	否	2.0426	1.10320
		是	2.2200	0.88898
	大学研究小组	否	2.1719	1.24705
		是	2.4077	1.08358
一般声誉	消费者	否	2.2694	0.82690
		是	2.3317	1.26315
	大学研究小组	否	2.4351	0.96614
		是	2.3587	1.00802

方差分析的结果表明，原有企业声誉的主效应不显著（$F(1, 223) = 0.931$，$p > 0.1$）；危机信息来源的主效应不显著（$F(1, 223) = 0.789$，$p > 0.1$）；是否给出多种原因分析的主效应不显著（$F(1, 223) = 0.515$，$p > 0.1$）；并且三者之间也不存在任何交互效应（$F(1, 223) = 0.115$，$p > 0.5$）。表明意图性归因不是原有企业声誉与消费者态度转变之间的中介变量。中介机制分析中的假设 4 没有得到完全验证。

稳定性归因最终分析结果如表 4 – 12、表 4 – 13 所示。

表 4 – 12 　　　　　　　　稳定性归因为自变量的方差分析结果

来源	Ⅲ型平方和	自由度	均方	F 值	显著性
原有企业声誉	59.704	1	59.704	75.073	0.000
危机信息来源	1.774	1	1.774	2.231	0.137
是否给出多种原因分析	41.326	1	41.326	51.964	0.000
原有企业声誉 * 危机信息来源	0.360	1	0.360	0.453	0.502
原有企业声誉 * 是否给出多种原因分析	3.202	1	3.202	4.026	0.046
危机信息来源 * 是否给出多种原因分析	0.209	1	0.209	0.263	0.608
企业声誉 * 危机信息来源 * 是否给出多种原因分析	0.001	1	0.001	0.001	0.976
误差	177.348	223	0.795		

表 4 – 13 　　　　　　　　各实验组危机后稳定性归因均值

原有企业声誉	危机信息来源	是否给出多种原因分析	均值	标准差
良好声誉	消费者	否	2.7533	0.85986
		是	1.6128	0.85682
	大学研究小组	否	2.9513	1.03820
		是	1.9244	0.95609
一般声誉	消费者	否	3.6190	0.97384
		是	2.9433	0.84886
	大学研究小组	否	3.6516	1.13989
		是	3.1037	0.76241

　　方差分析的结果表明，原有企业声誉的主效应显著（$F(1, 223) = 75.073$，$p < 0.001$）；危机信息来源的主效应不显著（$F(1, 223) = 2.231$，$p > 0.1$）；是否给出多种原因分析的主效应显著 $F(1, 223) = 51.964$，$p < 0.001$）；并且原有企业声誉与是否给出多种原因分析之间存

在交互效应 $F(1, 223) = 4.026$，$p < 0.05$）。如图 4 - 4 所示，在给出多种原因分析后，原有良好企业声誉对稳定性归因的影响更强，稳定性归因更低。表明在这两种危机情景中，稳定性归因有可能是原有企业声誉与消费者态度转变之间的中介变量。需要在中介检验中进一步分析。

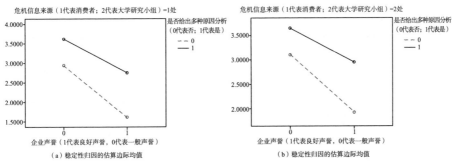

图 4 - 4 在不同信息来源组，原有声誉对稳定性归因的影响

（5）原有企业声誉对消费者期望不一致的影响。以原有企业声誉、危机信息来源和是否给出多种原因分析作为自变量，以危机后消费者期望不一致作为因变量进行被试间多因素方差分析。最终分析结果如表 4 - 14、表4 - 15 所示。

表 4 - 14 　　　　　　期望不一致为因变量的方差分析结果

来源	Ⅲ型平方和	自由度	均方	F 值	显著性
原有企业声誉	0.009	1	0.009	0.009	0.926
危机信息来源	3.123	1	3.123	2.876	0.091
是否给出多种原因分析	8.850	1	8.850	8.151	0.005
原有企业声誉 * 危机信息来源	0.315	1	0.315	0.290	0.591
原有企业声誉 * 是否给出多种原因分析	0.048	1	0.048	0.044	0.834

续表

来源	Ⅲ型平方和	自由度	均方	F 值	显著性
危机信息来源 * 是否给出多种原因分析	0.249	1	0.249	0.230	0.632
企业声誉 * 危机信息来源 * 是否给出多种原因分析	0.008	1	0.008	0.007	0.934
误差	242.125	223	1.086		

表 4 - 15 　　　　　　　　　各实验组期望不一致均值

原有企业声誉	危机信息来源	是否给出多种原因分析	均值	标准差
良好声誉	消费者	否	2.4892	1.09466
		是	1.9908	0.95702
	大学研究小组	否	2.7189	1.07624
		是	2.3752	0.93256
一般声誉	消费者	否	2.5102	1.11475
		是	2.0923	0.90428
	大学研究小组	否	2.8149	1.00765
		是	2.3057	1.20945

方差分析结果表明，原有企业声誉的主效应不显著 $F(1, 223) = 0.009$，$p > 0.5$；危机信息来源的主效应不显著（$F(1, 223)$）= 2.876，$p > 0.05$）；是否给出多种原因分析的存在主效应显著（$M_{给出} = 2.14$，$M_{未给出} = 2.56$；$F(1, 223) = 8.151$，$p < 0.01$）；原有企业声誉与危机信息来源、是否给出多种原因分析信息不存在任何交互效应。无论在哪一种情景中，原有良好声誉组的期望不一致性与一般声誉组别的期望不一致不存在差异。因此，假设 13 得到验证。在产品安全性模糊不清的危机类型中，期望不一致并不存在中介作用。

（6）中介效应的检验。中介效应检验的方法选择：本研究参照巴伦和肯尼（Baron & Kenny，1986）的因果步骤法，通过一系列回归方程分别来探查结论可靠性、责任归因、稳定性归因（3 个中介变量），在产品危机中原有企业声誉对消费者态度变化影响的中介机制。需要逐步通过评估 5 个回归模型：

$$Y = i_1 + cX + e_1 \qquad\qquad 模型1$$

$$M_1 = i_2 + a_1X + e_2 \qquad\qquad 模型2$$

$$M_2 = i_3 + a_2X + e_3 \qquad\qquad 模型3$$

$$M_3 = i_4 + a_4X + e_4 \qquad\qquad 模型4$$

$$Y = i_5 + b_1M + b_2M_2 + b_3M_3 + c'X + e_5 \qquad\qquad 模型5$$

上述方程中 Y 为消费者态度变动程度，X 为原有企业声誉类型，M_1、M_2 和 M_3 为三个中介变量（结论可靠性、责任归因、稳定性归因），i 和 e 分别代表截距和残差。

显著中介效应需满足的条件为：第一，回归方程 1 中 Y 和 X 必须存在显著关系，即 c 应显著；第二，回归方程 2、3、4 中的中介变量 M_1、M_2 和 M_3 必须和自变量 X 存在显著关系，即 a_1、a_2、a_3 应显著；第三，回归方程 5 中，当自变量 X 和中介变量 M_1、M_2、M_3 都放入回归方程时，中介变量的回归系数 b_1、b_2、b_3 应显著，此时能够验证中介变量是否存在中介效应；第四，回归方程 1 中的回归系数 c 应当大于回归方程 5 中的系数 c'，当 c 和 c' 都显著时，表明存在部分中介，当 c' 不显著时，表明为完全中介。

根据上述研究的结果，因为原有企业声誉不会对信息真实性感知、意图性归因产生影响，所以我们只分析结论可靠性、责任归因、稳定性归因的中介效应。3 个自变量之间只有原有声誉与是否给出多种原因分析存在交互作用，而这种交互作用是强化作用。我们认为在给出和未给出的情景中，作用机制不存在差异。所以，所有数据进入模型统一进行分析，数据结果如表 4 - 16 所示。

在该实验组中，回归模型 1 中原有企业声誉对消费者态度改变的影响显著（$c = 0.44$，$t = 8.237$，$p < 0.001$），模型 2 中原有声誉对结论可靠性

效应显著（$a_1 = -0.40$，$t = -6.769$，$p < 0.001$），模型3中原有声誉对责任归因效应显著（$a_2 = -0.51$，$t = -9.940$，$p < 0.001$），模型4中原有声誉对稳定性归因效应显著（$a_3 = -0.44$，$t = -8.664$，$p < 0.001$），模型5中4个自变量对消费者态度改变的效应均显著，并且 $c' = 0.12$ 小于模型1中的 $c = 0.44$。最终结果表明结论可靠性、责任归因和稳定性归因发挥了部分中介作用。假设4得到验证，假设7得到部分验证。

表 4 – 16   中介分析

模型	自变量	因变量	标准化系数	t 值	显著性	调整的 R^2
1	原有企业声誉	消费者态度改变	0.437	8.237	0.000	0.225
2	原有企业声誉	结论可靠性	-0.404	-6.769	0.000	0.163
3	原有企业声誉	责任归因	-0.511	-9.940	0.000	0.298
4	原有企业声誉	稳定性归因	-0.444	-8.664	0.000	0.244
5	原有企业声誉	消费者态度改变	0.118	2.071	0.040	0.423
	结论可靠性		-0.186	-3.393	0.001	
	责任归因		-0.273	-5.051	0.000	
	稳定性归因		-0.208	-3.846	0.000	

4.2.5 结论与讨论

本研究分析了在产品安全性模糊不清的产品伤害危机中，原有良好企业声誉所发挥的作用及中介机制。实验研究选择了两种非权威性的信息来源，分别为消费者和大学研究小组，同时划分给出和未给出多种原因分析来操控消费者责任归因的模糊性，分析在这4种危机情景中，原有良好企业声誉发挥的作用与机制。

1. 产品安全性模糊不清的危机情景中，原有良好企业声誉的作用表现

在产品安全性模糊不清的危机情景中，在给出和未给出多种原因分析的条件下，原有良好企业声誉发挥了账户功能，原有良好声誉企业危机后的消费者态度显著高于一般声誉企业。同时，在给出和未给出多种原因分析的条件下，原有良好企业声誉发挥了积极的保护作用，危机前后消费者态度的下降程度显著小于一般企业声誉。进一步增强原因分析的模糊性（操控是否给出多种原因分析），强化了原有良好企业声誉的保护作用。最初实验设计时，我们认为消费者和大学研究小组两种不同的信息来源，会因为消费者"移情"，更愿意相信消费者的结论判断，并从受害方的视角分析问题，最终导致两类信息来源原有良好声誉的作用存在差异。但是，最终的研究结论并没有支持预想，两类信息来源结论一致。这表明消费者不是受害方时，对危机的分析相对理性，并没有发生"移情"现象。此次研究中实验刺激材料的设计，并没有关于受害方情绪的描述和渲染。而在现实的案例中，媒体在对危机进行报道时，都会描述受害方生气、愤怒等负面情绪。我们思考，如果设计受害方情绪的描述和渲染，消费者"移情"是否会发生，而影响消费者对原有企业声誉和危机事件的理性分析，这还需进一步的探析。

2. 产品安全性模糊不清的危机中，原有良好企业声誉的作用机制

（1）意图性归因和期望不一致未发挥中介作用。在最初的假设中，我们推测原有良好企业声誉能够通过降低消费者对企业故意性（内在行为意图）的感知起到保护作用。但是，实验的结论并没有支持该假设。在 4 种危机情景中，原有良好声誉企业和一般声誉企业之间在归因意图性分析上无差异，并且意图归因较低。研究结论表明，消费者还是善意的分析犯错的企业行为意图，认为导致危机发生的企业行为并非故意性的。但是，这是否意味着意图性归因的提出没有意义呢？并非如此。因为，本次研究主要是分析原有良好声誉发挥的作用，没有分析不良声誉的作用。根据库姆斯（Coombs）和克雷恩（Klein）的研究，不良声誉均发挥了加剧破坏的作用（Coombs & Holladay，2006；Klein & Dawar，2004）。因此，意图性归因有可能是加剧发挥破坏作用的中介机制之一。这需要在今后进一步深入分析和验证。

在最初的假设中，我们推测此类危机中原有良好企业声誉不会通过期望不一致发挥破坏作用。最终，实验结论支持该假设。在 4 种危机情景中，原有良好声誉企业和一般声誉企业之间在期望不一致感知上无差异，并且期望不一致感知较低。在产品安全性模糊不清的产品危机中，原有企业声誉对责任归因和稳定性归因产生影响，导致消费者对危机属性的解释与对原有认知保持一致。因此，不会产生期望感知的不一致性，最终数据结果无差异。

（2）结论可靠性、责任归因、稳定归因发挥了中介作用。结论可靠性发挥了中介作用。研究结果表明，当信息源并非权威机构，信息内容中结论可信度受到质疑，原有良好企业声誉通过消费者对结论可靠性的质疑，发挥了积极的保护作用。责任归因发挥了中介作用。原有良好企业声誉通过降低消费者对责任归因的感知，相信企业提供产品的安全性，消费者态度在危机前后的降低程度较小。稳定性归因发挥了中介作用。原有良好声誉企业发生此类危机后，消费者更倾向认为此类事件无法体现该企业行为的稳定性，消费者态度在危机前后的降低程度较小。

4.3 产品不安全但原因模糊不清危机情景下的研究

本次研究对此类情景的操控是信息源发于政府权威机构的检测，并且利用是否给出多种原因分析，进行原因模糊度的操控。通过给出多种原因提高被试原因分析的模糊程度。理论基础是基于归因的"折扣理论（discounting principle）"，当给出多种原因后，造成某一原因的作用被折扣（Kelley，1973）。研究二采用虚拟企业并模拟产品伤害危机的情景，设计了 2（原有企业声誉类别：良好声誉和一般声誉）×2（给出/未给出多种原因分析）两因素组间实验。被试为同质的大学生样本。

4.3.1　刺激物的选择和情景设计

同研究一一致，本研究选择方便面作为研究的刺激物。实验中采用虚拟品牌，能够有效地避免无关变量对结果的干扰和影响，保证实验的信度。

实验材料包括两个部分：一是操控企业声誉的刺激材料，包括虚拟品牌介绍的相关信息；二是有关产品伤害危机的模拟情景，危机信息源于政府检测机构，同时设计两种危机情形，给出和未给出多种原因分析。

1. 企业声誉的基本信息设计

企业声誉激发材料内容的设计，本次研究根据以往学者对企业声誉驱动因素的研究结论（Schwaiger，2004），并结合此次研究中对企业声誉概念和维度的界定，本次研究选择从以下的几个方面（企业的资产规模；经营年限；经营绩效；市场销售覆盖区域；该品牌在市场中的竞争地位；品牌知名度；其他消费者对该品牌的总体评价等）构成企业声誉的刺激材料。该企业采取同一品牌结构，企业名称和品牌名称一致。并且，此次研究主要关注良好企业声誉，因此激发材料设计只包括良好企业声誉与一般企业声誉两部分。结合产品类别的特征，本次研究设计方便面的品牌名称为"力源"，目的是增加被试对实验材料的可信度，提高实验效度。

企业声誉激发材料如下：

良好声誉企业的介绍：

"力源"方便面是法国力源集团的品牌。总部设于法国巴黎的力源集团始创于1929年，至今已有70多年的历史，是一个业务极为多元化的跨国食品公司，生产的产品包括：方便面、酸奶、牛奶、饼干、饮料；等等。在法国等销售地区的媒体上，经常能够看到力源食品的广告。2011年集团的总营业额达到83亿法郎。力源集团是法国最大的食品集团，亦是欧洲第三大食品集团，全球同类行业并列第6名。力源食品有超过40年的出口历史，业务遍及欧洲，以及中东各国，近期计划开拓中国市场。

力源集团拥有设备先进的产品、检测和开发实验室，以及众多优秀的专业技术人才和工艺专家，构建了严谨规范的全员质量管理体系。集团旗下各类产品一直受到消费者的广泛好评，在法国食品行业消费者口碑调查中，评为"最为信赖的公司"。

一般声誉企业的介绍：

"力源"方便面是上海力源食品集团的品牌，总部设于中国上海，创建于 2002 年，至今已有 8 年的历史，产品种类包括：方便面、酸奶、牛奶、饮料、饼干；等等。2011 年集团的总营业额 2000 万人民币。力源集团产品销售的区域主要覆盖上海、江苏、浙江地区。在中央和地方的电视媒体上，能够看到力源食品的广告，但频率不是很高。通过对市场的随机调查结果显示，有 13.6% 消费者听说过力源品牌的食品；并且对购买过力源食品的消费者调查显示，消费者满意度为 40.3%。在 2011 年，我国食品消费市场 49 个候选品牌"消费者口碑评价"中，力源集团排名第 27 位，处于行业的中等水平。

2. 危机情景的虚拟材料

产品不安全但原因模糊不清的产品伤害危机（信息来源于政府）：

7 月 2 日，力源品牌方便面被香港出入境检验检疫局检验检疫技术中心检测出"细菌总数含量超标"。检测样品为袋装红烧牛肉面和香菇炖鸡面，检测结果为 4200 个/g，超过了国家规定范围 3000 个/g。细菌总数含量是检测食品安全的重要指标，如果超过国家标准，将有可能引发消费者不同程度的腹泻，给身体健康造成危害。也就是通常称的产品卫生不合格。

截至发稿时，该企业暂未做出回应，披露到底是什么原因导致产品菌群超标。

多种原因分析：

香港质量技术监督粮食产品质量检验检测专家告诉记者，菌群超标的原因存在多种可能：可能是企业采购的原材料不合格或原材料保存不当，导致变质和污染；或者企业生产过程质量监控不严，卫生条件不合格，导致产品污染；也有很大可能是流通环节中，比如超市、商店运输保存不当（比如，保存环境温度过高），导致产品变质。

对于事件的进一步发展，本报将继续追踪报道。

4.3.2　实验量表设计

研究量表与研究一基本一致，但是结合危机情景的差异对问题的描述进行了调整。

4.3.3　实验步骤

为了避免无关变量对结果的干扰，随机发放模拟情景中的一套问卷给每个被试，并且，被试不了解实验的真正目的和意义。

实验步骤：第一，主试人员对被试解释实验的用途、实验的流程及如何填答问卷，控制用时 2 分钟，为了防止被试迎合性的回答，笔者声称此次调研为该品牌的市场调研；第二，向被试发放有该企业声誉测量的题项问卷，要求被试认真阅读并填答问项；第三，被试填答完毕后，主试人员回收问卷；第四，发放危机情景的信息卡片和题项问卷，要求被试认真阅读并填答问项；第五，被试填答完毕后，主试人员回收问卷；第六，对大家的参与表示感谢，并告知被试此次实验中危机情景信息均为虚构，避免他们对该企业或品牌产生怀疑。在问卷整理完毕之后，经审阅的有效问卷，给予被试相应的报酬。整个实验用时 15 分钟，实验进程由作者亲自操控，并由该班级的任课教师现场协助完成。

4.3.4　结果与分析

1. 样本概况

高校 140 名学生参加了本次实验，回收问卷 136 份，删除未完整作答的、被试在原有企业声誉和危机情景操控检验中有认知偏差的、前后题项出现矛盾的，最终有效问卷 107 份，有效回收率 76.4%。其中，男性 45 名，女性 62 名，男性样本和女性样本分别占 42% 和 58%。在心理学实验中，每组被试数在 20～30 个就可以有显著效果（Maccallum et al., 1996）。本次研究中，不同情境组别的有效问卷数量如表 4 - 17 所示，样本量满足实验的要求。

表 4 - 17　　　　　　　　　不同危机情景组被试个数

原有声誉类型	是否给出多种原因分析	被试个数
良好企业声誉	否	27
良好企业声誉	是	29
一般企业声誉	否	26
一般企业声誉	是	25
总计		107

2. 操控检验

第一，是对企业声誉操控检验。本次研究对企业声誉的测量包括 5 个题项（$a = 0.935$）。以企业声誉平均得分为因变量，以声誉操控类别为自变量的方差分析表明，良好声誉组企业声誉平均得分显著高于一般声誉组（$M_{良好} = 5.97$（1.21），$M_{一般} = 4.63$（1.10），$F(1, 105) = 38.288$，$p < 0.001$）。上述结果表明，本次研究对良好声誉组和一般声誉组的操控是成功的。由于本次实验的被试是学生样本，排除了样本的异质性可能带来的混杂效应。

第二，是对两种危机情景感知伤害结果严重程度的操控检验。

被试对危机情景中伤害结果的严重程度感知无差异（$M_{良好} = 3.89$（0.93），$M_{一般} = 4.03$（1.15），$F(1, 105) = 0.484$，$p = 0.221$），说明两种危机情景中被试感知伤害结果的严重性是一样的，有效控制了感知伤害结果对实验的干扰。

第三，危机情景。对于危机情景，本次研究采用题项测量（你认为消费者〈大学研究小组、政府检测机构〉给出该产品存在安全问题的结论是否具有权威性?），分析被试对材料是否正确理解。直接剔除选择得分小于 4 的被试，最终保证操控的有效性。

3. 各个变量信度和效度检验

利用 Cronbach's α 系数检验问卷信度，各个变量的测量参考了以往该领域的成熟量表，并经过了试填、讨论和反复修改，具有较好的内容效度，另外采用探索性因子分析（EFA）验证以上变量测项构成问卷的结构效度。

企业声誉 5 个题项的 Cronbach's α 系数为 0.895，KMO 值为 0.868，通过 Bartlett 球体检验，提取一个因子方差解释率为 62.991%。前测消费者态度 Cronbach's α 系数为 0.919，KMO 值为 0.897，通过 Bartlett 球体检验，提取一个因子方差解释率为 66.693%；后测消费者态度 Cronbach's α 系数为 0.896，KMO 值为 0.882，通过 Bartlett 球体检验，提取一个因子方差解释率为 62.086%。结论可靠性由 2 个题项构成，Cronbach's α 系数为 0.955，提取一个因子，方差解释率为 95.903%。消费者归因：责任归因分量表包括 4 个题项，信度分析显示 Cronbach's α 系数为 0.878，意图性归因分量表包括 2 个题项，信度分析显示 Cronbach's α 系数为 0.902，稳定性归因分量表包括 3 个题项，信度分析显示 Cronbach's α 系数为 0.828，说明量表信度较高。对 9 个归因题项一起进行因子分析，探索性因子表明从属于 3 个维度，KMO 值为 0.854，累积解释方差为 60.117%。期望不一致 3 个题项的 Cronbach's α 系数为 0.927，KMO 值为 0.894，通过 Bartlett 球体检验，说明数据适合进行因子分析，提取一个因子方差解释率为 80.237%。

并且，每个题项在对应因子上的载荷均大于 0.5。综上所述，本次研究选择的各个变量的测量量表具有很高的信度和效度。由于相应变量的测量题项均表现出可以接受的内部一致性，本次研究采用每个变量的相应测量题项得分加总后的均值作为该变量的最终计算指标。

4. 假设检验

（1）原有企业声誉对危机后消费者态度的影响。以原有企业声誉类型、是否给出原因分析信息作为自变量，以危机后消费者态度和购买意愿为因变量进行被试间多因素方差分析。最终分析结果如表 4 – 18、表 4 – 19 所示。

表 4 – 18   危机后消费者态度为因变量的方差分析结果

来源	Ⅲ型平方和	自由度	均方	F 值	显著性
原有企业声誉	53. 559	1	53. 559	56. 234	0. 000
是否给出多种原因分析	54. 834	1	54. 834	57. 573	0. 000
原有企业声誉 * 是否给出多种原因分析	7. 409	1	7. 409	7. 779	0. 006
误差	98. 100	103	0. 952		

表 4 – 19   各实验组危机后消费者态度均值

原有企业声誉	是否给出多种原因分析	均值	标准差
良好声誉	否	3. 2134	1. 11254
	是	5. 1744	0. 75078
一般声誉	否	2. 3234	1. 10751
	是	3. 2302	0. 90082

方差分析的结果表明，原有企业声誉的主效应显著（$F(1, 103) = 56.234$，$p < 0.001$）；在产品伤害危机发生后，原有品牌良好声誉组别的消费者态度显著高于原有品牌一般声誉组别的消费者态度（$M_{良好} = 4.27$，$M_{一般} = 2.77$）。假设 2 得到了数据结果支持。并且，原有企业声誉与是否给出多种原因分析存在交互作用（$F(1, 103) = 7.779$，$p < 0.01$）。如图

4 - 5 所示，在给出多种原因分析条件下，原有良好企业声誉发挥的影响作用更强。假设 12 得到验证。

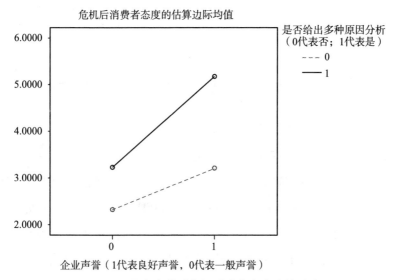

图 4 - 5　原有声誉对危机后消费者态度的影响

（2）原有企业声誉对危机前后消费者态度变动的影响。研究中因变量消费者态度转变 = 消费者态度的后测值 - 消费者态度前测值。自变量为原有企业声誉类别、是否给出多种原因分析，进行被试间多因素方差分析。最终分析结果如表 4 - 20、表 4 - 21 所示。

表 4 - 20　　　　危机后消费者态度转变为因变量的方差分析结果

来源	Ⅲ型平方和	自由度	均方	F 值	显著性
原有企业声誉	0.003	1	0.003	0.005	0.943
是否给出多种原因分析	44.695	1	55.653	72.291	0.000
原有企业声誉 * 是否给出多种原因分析	17.054	1	24.052	27.584	0.000
误差	63.681	103	0.618		

表 4 – 21   各实验组危机后消费者态度转变均值

原有企业声誉	是否给出多种原因分析	均值	标准差
良好声誉	否	– 2.7738	0.94804
	是	– 0.6796	0.55191
一般声誉	否	– 1.9632	0.84332
	是	– 1.4683	0.76387

方差分析的结果表明，原有企业声誉类别的主效应不显著（$F(1, 103) = 0.005$，$p > 0.5$）；是否给出多种原因分析主效应显著（$F(1, 103) = 72.291$，$p < 0.001$）；是否给出多种原因分析与原有企业声誉类别的交互效应显著（$F(1, 103) = 27.584$，$p < 0.001$），如图 4 – 6 所示。在给出多种原因分析的条件下，原有良好企业声誉的消费者态度改变显著大于一般企业声誉的消费者态度改变（$M_{良好} = - 0.68$，$M_{一般} = - 1.47$，$F(1, 52) = 19.272$，$p < 0.001$）；在未给出多种原因分析的条件下，原有

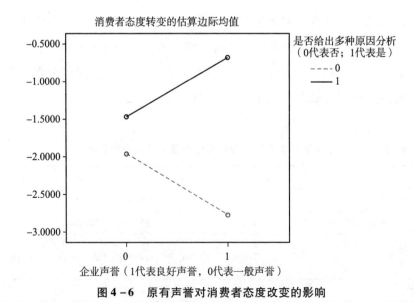

图 4 – 6 原有声誉对消费者态度改变的影响

良好企业声誉的消费者态度改变显著小于一般企业声誉的消费者态度改变
（$M_{良好} = -2.77$，$M_{一般} = -1.96$，$F(1，51) = 10.788$，$p = 0.002 < 0.01$）。在给出多种原因分析的条件下，原有良好企业声誉发挥了保护作用，但是当未给出的条件下发挥了更大破坏作用。假设 12 得到验证。

（3）原有企业声誉对消费者感知结论可靠性的影响。以原有企业声誉类型、是否给出原因分析信息作为自变量，以消费者感知结论可靠性作为因变量进行被试间多因素方差分析。最终分析结果如表 4 - 22、表 4 - 23 所示。

表 4 - 22　　　　　危机后结论可靠性为因变量的方差分析结果

来源	Ⅲ型平方和	自由度	均方	F 值	显著性
原有企业声誉	0.023	1	0.023	0.021	0.885
是否给出多种原因分析	1.332	1	1.332	1.193	0.277
原有企业声誉 * 是否给出多种原因分析	0.324	1	0.324	0.290	0.591
误差	114.957	103	1.116		

表 4 - 23　　　　　　　各实验组结论可靠性均值

原有企业声誉	是否给出多种原因分析	均值	标准差
良好声誉	否	5.7399	1.11165
	是	6.0736	0.92659
一般声誉	否	5.8205	1.20062
	是	5.9337	0.97360

方差分析的结果表明，原有企业声誉的主效应不显著（$F(1, 103) = 0.021$，$p > 0.5$，$M_{良好} = 5.88$，$M_{一般} = 5.91$）；与是否给出多种原因分析也不存在任何的交互效应（$F(1, 103) = 0.290$，$p > 0.5$）。假设 5 得到

验证。

（4）原有企业声誉对消费者归因的影响。以原有企业声誉、是否给出多种原因分析作为自变量，以危机后消费者责任归因、稳定性归因、意图性归因作为因变量进行被试间多因素方差分析。

责任归因最终分析结果如表 4 - 24、表 4 - 25 所示。

表 4 - 24 　　　　　　　　危机后责任归因为因变量的方差分析结果

来源	Ⅲ型平方和	自由度	均方	F 值	显著性
原有企业声誉	15. 356	1	15. 356	16. 985	0. 000
是否给出多种原因分析	116. 702	1	116. 702	129. 086	0. 000
原有企业声誉 * 是否给出多种原因分析	10. 646	1	10. 646	11. 776	0. 001
误差	93. 118	103	0. 904		

表 4 - 25 　　　　　　　　　各实验组责任归因均值

原有企业声誉	是否给出多种原因分析	均值	标准差
良好声誉	否	5. 4268	0. 71575
	是	2. 7302	1. 16239
一般声誉	否	5. 5538	0. 88741
	是	4. 0938	0. 96348

方差分析结果表明，原有企业声誉的主效应显著（$F(1, 103) = 16.985$，$p < 0.001$）；是否给出多种原因分析的主效应显著（$F(1, 103) = 129.086$，$p < 0.001$）；企业声誉类别与是否给出多种原因分析信息的交互效应显著（$F(1, 103) = 11.776$，$p < 0.01$），如图 4 - 7 所示。在给出多种原因分析的条件下，原有良好企业声誉的责任归因显著小于一般企业声誉（$M_{良好} = 2.73$，$M_{一般} = 4.09$，$F(1, 52) = 22.459$，$p < 0.001$）；在未给出

多种原因分析的条件下，原有良好企业声誉的责任归因与一般企业声誉无差异（$M_{良好}=5.42$，$M_{一般}=5.55$，$F(1，51)=0.330$，$p=0.568>0.5$）。表明责任归因在给出多种原因分析的条件下有可能发挥中介作用，需要进一步中介效应检验；而在未给出的条件下不发挥中介作用。假设8没有得到完全证实。

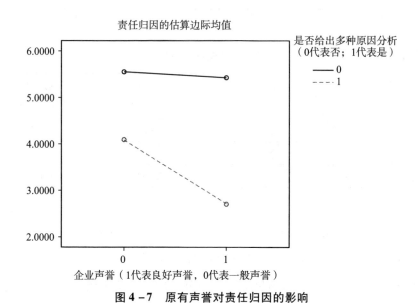

图 4-7　原有声誉对责任归因的影响

意图性归因最终分析结果如表4-26、表4-27所示。

方差分析结果表明，原有企业声誉的主效应不显著（$M_{良好}=2.20$，$M_{一般}=2.43$，$F(1，103)=1.291$，$p>0.1$）；是否给出多种原因分析的主效应不显著（$F(1，103)=2.447$，$p>0.1$）；原有企业声誉与是否给出多种原因分析的交互效应不显著（$F(1，103)=0.082$，$p>0.5$）。表明意图性归因无中介作用。假设8没有得到支持。

表4-26　　　　危机后消费者态度转变为因变量的方差分析结果

来源	Ⅲ型平方和	自由度	均方	F 值	显著性
原有企业声誉	1.317	1	1.317	1.291	0.258
是否给出多种原因分析	2.496	1	2.496	2.447	0.122
原有企业声誉＊是否给出多种原因分析	0.084	1	0.084	0.082	0.775
误差	105.049	103	1.020		

表4-27　　　　　　　　各实验组意图性归因均值

原有企业声誉	是否给出多种原因分析	均值	标准差
良好声誉	否	2.3842	1.03762
	是	2.0222	1.09530
一般声誉	否	2.5504	0.89381
	是	2.3005	0.98937

稳定性归因最终分析结果如表4-28、表4-29所示。

方差分析结果表明，原有企业声誉的主效应显著（$F_{(1, 103)} = 30.644$，$p < 0.001$）；是否给出多种原因分析的主效应显著（$F_{(1, 103)} = 31.664$，$p < 0.001$）；企业声誉类别与是否给出多种原因分析交互效应不显著（$F_{(1, 103)} = 2.044$，$p > 0.1$）。表明稳定性归因有可能发挥中介作用，但仍需进一步分析。

表4-28　　　　危机后稳定性归因为因变量的方差分析结果

来源	Ⅲ型平方和	自由度	均方	F 值	显著性
原有企业声誉	26.620	1	26.620	30.644	0.000
是否给出多种原因分析	27.506	1	27.506	31.664	0.000
原有企业声誉＊是否给出多种原因分析	1.776	1	1.776	2.044	0.156
误差	89.476	103	0.869		

表 4 - 29   各实验组稳定性归因均值

原有企业声誉	是否给出多种原因分析	均值	标准差
良好声誉	否	3.5621	1.14202
	是	2.2885	0.71949
一般声誉	否	4.3031	0.83463
	是	3.5456	0.99283

（5）原有企业声誉对消费者期望不一致的影响。以原有企业声誉、是否给出多种原因分析作为自变量，以危机后消费者期望不一致作为因变量进行被试间多因素方差分析。最终分析结果如表 4 - 30、表 4 - 31 所示。

表 4 - 30   期望不一致为因变量的方差分析结果

来源	Ⅲ型平方和	自由度	均方	F 值	显著性
原有企业声誉	2.748	1	2.748	2.249	0.137
是否给出多种原因分析	32.346	1	32.346	26.477	0.000
原有企业声誉 * 是否给出多种原因分析	6.015	1	6.015	4.923	0.029
误差	125.833	103	1.222		

表 4 - 31   各实验组期望不一致均值

原有企业声誉	是否给出多种原因分析	均值	标准差
良好声誉	否	5.0893	0.96799
	是	3.5131	1.23545
一般声誉	否	4.2934	0.99580
	是	3.7070	1.18925

方差分析结果表明，原有企业声誉的主效应不显著（$F(1, 103) =$

2.249，$p > 0.1$）；是否给出多种原因分析的主效应显著（$F(1, 103) = 26.477$，$p < 0.001$）；企业声誉类别与是否给出多种原因分析信息的交互效应显著（$F(1, 103) = 4.923$，$p < 0.05$），如图 4 - 8 所示。

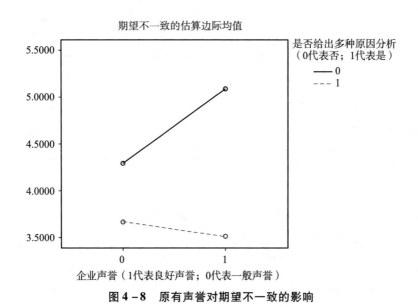

图 4 - 8　原有声誉对期望不一致的影响

在给出多种原因分析的条件下，原有良好企业声誉的期望不一致与一般企业声誉无差异（$M_{良好} = 3.51$，$M_{一般} = 3.71$，$F(1, 52) = 0.216$，$p = 0.644 > 0.5$）；在未给出多种原因分析的条件下，原有良好企业声誉的期望不一致显著大于一般企业声誉（$M_{良好} = 5.09$，$M_{一般} = 4.29$，$F(1, 51) = 8.705$，$p = 0.005 < 0.01$）。在未给出多种原因分析的条件下，期望不一致有可能发挥中介作用，需要进一步进行中介效应检验；而在给出多种原因分析的条件下，期望不一致未发挥中介作用。假设 14 得到验证。

（6）中介效应的检验。中介效应检验的方法和研究一相同。根据上述研究的结果，因为原有企业声誉不会对意图性归因、信息真实性、结论可靠性感知产生影响，所以也不存在中介效应。

根据数据分析已经验证在给出和未给出多种原因分析的情景中，具有不同的中介机制。本次研究利用上述方法与评估标准，分别对给出多种原因分析、未给出多种原因分析这两种条件下的数据进行了中介分析。

如表 4 - 32 所示，在该实验组中，回归模型 1 中原有企业声誉对消费者态度改变的影响显著（$c = 0.52$，$t = 4.390 p < 0.001$），模型 2 中原有企业声誉对责任归因效应显著（$a_1 = -0.55$，$t = -4.739$，$p < 0.001$），模型 3 中原有企业声誉对稳定性归因影响显著（$a_2 = -0.60$，$t = -5.378$，$p < 0.001$），模型 4 中原有企业声誉（$c' = 0.23$，$t = 2.074$，$p < 0.05$）、责任归因（$b_1 = -0.27$，$t = -2.449$，$p < 0.05$）、稳定性归因（$b_2 = -0.23$，$t = -2.111$，$p < 0.05$）分别对消费者态度改变影响显著，并且 $c' = 0.23$ 小于模型 1 中的 $c = 0.52$。表明这两个变量共同发挥了部分中介作用。假设 8 部分得到支持。

表 4 - 32　　　　　　　　　给出多种原因分析信息组中介分析

模型	自变量	因变量	标准化系数	t 值	显著性	调整的 R^2
1	原有企业声誉	消费者态度改变	0.520	4.390	0.000	0.256
2	原有企业声誉	责任归因	-0.552	-4.739	0.000	0.288
3	原有企业声誉	稳定性归因	-0.598	-5.378	0.000	0.345
4	原有企业声誉	消费者态度改变	0.227	2.074	0.043	0.453
	责任归因		-0.267	-2.449	0.018	
	稳定性归因		-0.231	-2.111	0.040	

如表 4 - 33 所示，在该实验组中，回归模型 1 中原有企业声誉对消费者态度改变的影响显著（$c = -0.42$，$t = -3.285$，$p < 0.01$），模型 2 中原有企业声誉对稳定性归因效应显著（$a_1 = -0.35$，$t = -2.688$，$p < 0.01$），模型 3 中原有企业声誉对期望不一致影响显著（$a_2 = 0.38$，$t = 2.95$，$p < 0.01$），模型 4 中原有企业声誉（$c' = -0.35$，$t = -2.681$，$p < 0.05$）对消费者态度改变的影响显著，稳定性归因（$b_1 = -0.27$，$t = $

-2.053，$p < 0.05$）的影响显著，期望不一致（$b_2 = -0.37$，$t = -2.894$，$p < 0.01$）的影响显著，并且 $|c'| = 0.35$ 小于模型 1 中的 $|c| = 0.42$。表明稳定性归因和期望不一致共同发挥部分中介效应。假设 8 部分得到支持，假设 14 未得到验证。

表 4 - 33   未给出多种原因分析信息组中介分析

模型	自变量	因变量	标准化系数	t 值	显著性	调整的 R^2
1	原有企业声誉	消费者态度改变	-0.418	-3.285	0.002	0.158
2	原有企业声誉	稳定性归因	-0.352	-2.688	0.010	0.107
3	原有企业声誉	期望不一致	0.382	2.950	0.005	0.129
4	原有企业声誉	消费者态度改变	-0.349	-2.681	0.010	0.409
	稳定性归因		-0.265	-2.053	0.045	
	期望不一致		-0.371	-2.894	0.006	

4.3.5　结论与讨论

本研究分析了在产品不安全但原因模糊不清的产品伤害危机中，原有良好企业声誉所发挥的作用及中介机制分析。实验研究中，本次研究将信息来源设定为政府，划分给出和未给出多种原因分析两种危机情景，分析在这两种危机情景中，原有良好企业声誉发挥的作用与中介机制分析。

1. 产品不安全但原因模糊不清的危机中，原有良好企业声誉的作用表现

产品不安全但原因模糊不清的危机情景中，原有良好企业声誉发挥了账户功能，原有良好声誉企业危机后的消费者态度显著高于一般声誉企业。同时原有良好企业声誉发挥的保护/破坏作用则受到是否给出多种原因分析的调节：当给出多种原因分析时，原有良好企业声誉发挥了保护作用；当未给出多种原因分析时，原有良好企业声誉发挥了破坏作用。在未给出多种原因时，政府权威机构已经查明市场上该品牌产品存在安全性问题，但是是否由企业原因造成尚不明确。此时，由于防御性归因和基本归因偏向的存在，专业知识的缺乏，消费者更倾向认定是企业原因导致的，企业提供的产品存在安全性问题的概率增大。此时，良好声誉与一般声誉企业相比，良好声誉企业消费者态度危机前后下降的幅度大于一般声誉企业。在给出多种原因时，权威证据已经表明该品牌产品存在安全性问题，但是是否由企业原因造成尚不明确。多种原因的给出增加了原因分析的模糊性，发生了归因中"折扣作用"；并且，多种原因的给出类似于采取了"辩解"的策略，导致原有良好企业声誉发挥了更高的保护作用（Dean，2004；Coombs，2005）。此时，良好声誉与一般声誉企业相比，良好声誉企业消费者态度危机前后下降的幅度小于一般声誉企业。这一研究的结论与王晓玉（2011）的研究结论一致。此类危机情景中，仅仅给出了危机的信息。当消费者只关注危机信息，并且当产品安全性问题不容置疑时，这种产品期望的反差和对比，更强化了原有良好企业声誉对期望不一致的感知影响，从而产生破坏作用。

2. 产品不安全但原因模糊不清的危机中，原有良好企业声誉的作用机制

（1）结论可靠性、意图性归因没有发挥中介作用。在给出和未给出多种原因分析的危机情景中，原有良好企业声誉与一般企业声誉之间结论可靠性感知均无差异。数据结果表明，消费者信任政府权威机构的检测结果，将其作为判断产品是否存在安全性问题的重要依据。当危机信息源于政府等权威机构时，消费者不会对信息内容产生异议。原有品牌良好声誉不会通过降低结论可靠性感知，进而降低危机前后消费者态度转变，即结论可靠性没有发挥中介作用。结合研究一的研究结论，随着消费者对信息源机构的权威性和可信性程度越高，原有良好企业声誉通过该中介通道减弱危机对企业负面影响的能力就越低。因此，信息源可靠性调节了原有良好企业声誉对消费者态度转变的积极作用。当信息源来自消费者和第三方检测机构时，原有良好企业声誉能通过降低信息可靠性发挥保护作用。但是当信息源来自于政府时，原有良好声誉的企业也无法影响消费者对政府权威性的认知，给企业产生保护作用。

与研究一的研究结论一致，在最初的假设中，我们推测原有良好企业声誉能够通过降低消费者对企业故意性（内在行为意图）的感知起到了保护作用。但是，实验的结论并没有支持该假设。在两种危机情景中，原有良好声誉企业和一般声誉企业之间在归因意图性分析上无差异，并且意图归因较低。研究结论再次证明，消费者还是善意的分析犯错企业的行为意图，认为导致危机发生的企业行为并非故意性的。

（2）责任归因、稳定性归因和期望不一致发挥了中介作用。在未给出多种原因分析（原因分析模糊度低）的情形中，原有良好声誉与一般声誉企业之间的责任归因不存在差异，并且显著高于给出多种原因分析的危机情景。研究结论表明，多种原因分析充分发挥了折扣效应，原因分析的模糊度调节了原有良好企业声誉的作用。原因分析的模糊度高时，原有良好企业声誉通过降低责任归因，对消费者态度转变发挥了保护作用。在未给出多种原因分析时，责任归因没有发挥中介作用，基本归因偏向和防御性归因导致消费者在这两种情形中，都产生了较高的责任归因。

对于判断该行为是否具有稳定性，并且预测未来是否会再次发生，因为缺乏对应的分析信息，即危机特征信息不足。此时，原有企业声誉的信息就是判断行为稳定性的重要来源。因此，当原有企业声誉越高时，结果表现为消费者认为该行为越不稳定，未来发生的概率越小。稳定归因发挥了积极的中介作用。同时，稳定性归因也可视为降低了负面信息的诊断性。即该危机信息并不能反映和体现企业的本质特征。虽然负面信息更具有诊断性，但是原有企业声誉具有时间累积性，良好企业声誉是企业长期良好经营和产品长期满足消费者的需要形成的。因此，原有企业声誉能够降低负面信息的信息诊断性。

消费者所感知的期望不一致包括产品期望不一致和行为期望的不一致。只有当企业提供的产品被证实存在安全性问题时，原有企业声誉越高，消费者期望不一致感知越大，进而影响消费者态度下降就越大，发挥破坏作用。而当给多种原因分析时，增加了消费者归因的模糊程度，企业所提供产品安全问题判断的模糊性导致期望不一致未发挥中介作用。而在未给出多种原因分析的产品伤害危机中，原有对期望不一致没有发挥中介作用的假设没有得到支持。我们认为同样是因为防御性归因和基本归因偏向的存在，造成该危机属于偏企业责任归因的情境，从而期望不一致发挥了中介作用。

我们思考，如果根据精细加工可能性的理论，在消费者归因过程中，危机的信息可以视为"核心信息"，是消费者归因加工过程中的重要线索，而企业声誉可以视为"边缘信息"，边缘信息作用的发挥，受到核心信息是否充足的影响。当核心信息充足时，边缘信息的作用有限，而当核心信息缺乏时，边缘信息的作用得以充分发挥。研究表明，企业声誉在消费者危机原因分析的过程中，只有当消费者认为对原因分析判断的原因缺乏时，企业声誉信息作为"边缘信息"成为消费者分析判断的重要线索。当原因分析判断的信息充足时，消费者还是依靠危机的信息做出归因判断。研究二的研究结论，在验证以往文献中研究结论的同时，又丰富和完善了以往对原有良好企业声誉作用的认识。

4.4　企业过错行为清晰的危机情景下的研究

研究三采用虚拟企业并模拟责任清晰的产品伤害危机的情景，设计了2（原有企业声誉类别：良好声誉和一般声誉）×3（责任清晰的危机类别：非核心技术失败、核心技术失败、道德不良）两因素组间实验。被试为同质的大学生样本。

4.4.1　刺激物的选择和情景设计

本研究选择保健型眼药水（缓解视疲劳）作为研究的刺激物，并事前采用学生样本进行了预测试，表明学生对该类别产品较熟悉。实验中采用虚拟品牌，能够有效地避免无关变量对结果的干扰和影响，保证实验的信度。

实验材料包括两个部分：一是操控企业声誉的刺激材料，包括虚拟品牌介绍的相关信息；二是有关产品伤害危机的模拟情景，包括核心能力失败、非核心能力失败和道德不良三种情景。

1. 企业声誉的基本信息设计

企业声誉激发材料内容的设计，我们根据以往学者对企业声誉驱动因素的研究结论，并结合此次研究中对企业声誉概念和维度的界定，我们选择从以下的几个方面（企业的资产规模；经营年限；经营绩效；市场销售覆盖区域；该品牌在市场中的竞争地位；品牌知名度；其他消费者对该品牌的总体评价等）构成企业声誉的刺激材料。该企业采取同一品牌结构，企业名称和品牌名称一致，企业声誉和品牌声誉概念等同。并且，此次研究主要关注良好企业声誉，因此激发材料设计只包括良好企业声誉与一般企业声誉两部分。结合产品类别的特征，本次研究设计眼药水的品牌名称为"润泽"，目的是增加被试对实验材料的可信度，提高实验效度。

企业声誉激发材料如下：

良好声誉企业的介绍：

"润泽"滴眼液是法国润泽集团的品牌，主要功效用于缓解视疲劳引发的眼睛干涩、发痒等症状。总部设于法国巴黎的润泽集团始创于1929年，至今已有70多年的历史，是一个业务极为多元化的专门致力于保护并改善全世界数以百万计人们视力的公司，企业生产的产品包括：隐形眼镜、镜片护理产品、眼药水及眼睛保健护理产品系列。在法国等销售地区的媒体上，经常能够看到润泽的品牌广告。2011年集团的总营业额达到83亿法郎。在法国，润泽集团是最大的视力保健集团，也是当今欧洲第三大视力保健集团，并列全球同类行业前6名之一。该企业有超过40年的出口历史，业务遍及欧洲以及中东各国，近期计划进入和开拓中国内地市场。润泽集团拥有设备先进的产品、检测和开发实验室，以及众多优秀的专业技术人才和工艺专家，构建了严谨规范的全员质量管理体系。集团旗下各类产品一直受到消费者的广泛好评，在法国视力保健产品消费者口碑调查中，评为"最为信赖的公司"。

一般声誉企业的介绍：

"润泽"滴眼液主要功效用于缓解视疲劳引发的眼睛干涩、发痒等症状。该公司总部设于中国上海，创建于2004年，至今已有8年的历史，产品种类包括：隐形眼镜、镜片护理产品及眼睛保健护理产品系列。2011年集团的总营业额1.7亿元人民币。润泽集团目前产品销售的区域覆盖上海、江苏、浙江、江西等我国南方大部分地区。目前，该企业打算进入河北市场。在中央和当地地方的电视媒体上，能够看到润泽产品的广告，但频率不是很高。通过市场的随机调查结果显示，有15.6%消费者听说过润泽品牌的产品；并且对购买过润泽产品的消费者调查显示，消费者满意度为40.3%。2011年，国家权威机构对我国眼睛保健产品的消费市场上49个候选品牌，进行"消费者口碑评价"，润泽集团排名第23位，处于行业的中等水平。

2. 危机情景的虚拟材料

产品伤害危机的情景材料参考了现实中已经发生的危机，由现实危机信息改编而成。采用新闻报道的形式进行信息设计。下面危机材料中，因为良好声誉品牌和一般声誉品牌分别为法国品牌和中国品牌，因此危机情景中危机的事发地在不同的企业声誉类别中，存在差异，文字表述不同。在此，只举例其中之一。

责任清晰的产品伤害危机情景包括三种企业行为导致的危机类型，分别为核心能力失败（核心技术失败）、非核心能力失败（非核心技术失败）和道德不良（故意添加）。

危机情景刺激材料如下：

约80名该品牌滴眼液的使用者出现轻度的眼角膜细菌感染，其中75%的患者使用润泽集团刚刚升级推出的新型滴眼液，用于缓解视疲劳。

该情况受到香港卫生总署的高度重视，经过企业和政府相关机构的联合调查，最终证实该公司生产的滴眼液药水本身不存在质量问题，主要的根源在于药瓶设计存在缺陷。

专家解释说，该公司最新推出的产品为了给消费者焕然一新的产品形象，药瓶采用了挤压式弹簧瓶盖。当消费者开封后，经过多次使用挤压，瓶盖本身容易发生松动，导致药水易接触到外部污染源，消费者长期使用后，最终引发眼角膜细菌感染。

对事件的进展和润泽公司未来采取的其他措施，我们将持续报道。

4.4.2　实验量表设计

研究量表与研究一基本一致，但是结合危机情景的差异对问题的描述进行了调整。

4.4.3　实验步骤

为了避免无关变量对结果的干扰，随机发放模拟情景中的一套问卷给每个被试，并且，被试不了解实验的真正目的和意义。

实验步骤：第一，主试人员对被试解释实验的用途、实验的流程及如何填答问卷，控制用时2分钟，为了防止被试迎合性的回答，笔者声称此次调研为某品牌的市场调研；第二，向被试发放有关企业声誉测量的信息卡片和题项问卷，要求被试认真阅读并填答问项；第三，被试填答完毕后，主试人员回收问卷；第四，发放危机情景的信息卡片和题项问卷，要求被试认真阅读并填答问项；第五，被试填答完毕后，主试人员回收问卷；第六，对大家的参与表示感谢，并告知被试此次实验中所给信息均为虚构，避免他们对现实企业或品牌产生怀疑。在问卷整理完毕之后，经审阅的有效问卷，给予被试相应的报酬。整个实验用时15分钟，实验进程由作者亲自操控，并由该班级的任课教师现场协助完成。

4.4.4   结果与分析

1. 样本概况

高校 210 名学生参加了本次实验，回收问卷 205 份，删除未完整作答的、被试在原有企业声誉操控检验中有认知偏差的、前后题项出现矛盾的，最终有效问卷 162 份，有效回收率 77.14%。其中，男性 72 名，女性 90 名，男性样本和女性样本分别占 45% 和 55%。本次研究中，不同情境组别的有效问卷数量如表 4 – 34 所示，样本量满足了实验的要求。

2. 操控检验

第一，是对企业声誉操控检验。本次研究对企业声誉的测量包括 5 个题项（$a = 0.913$）。以企业声誉平均得分为因变量，以声誉操控类别为自变量的方差分析表明，高声誉组企业声誉平均得分显著高于低声誉组（$M_{良好} = 6.06$（1.11），$M_{一般} = 4.49$（1.29），$F(1，160) = 68.543$，$p < 0.001$）。上述结果表明，良好声誉组和一般声誉组的操控是成功的。由于本实验的被试是学生样本，排除了样本异质性可能带来的混杂效应。

表 4 – 34   责任清晰危机情景各个组别被试个数

原有声誉类型	责任清晰的危机情景类型	被试个数
良好企业声誉	非核心能力失败	26
良好企业声誉	核心能力失败	27
良好企业声誉	道德不良	27
一般企业声誉	非核心能力失败	29
一般企业声誉	核心能力失败	25
一般企业声誉	道德不良	28
总计		162

第二，是对各个实验组感知伤害结果的操控检验。良好声誉组和一般

声誉对各个危机情景感知伤害结果无差异（$M_{良好}=3.81$，$M_{一般}=3.99$，$F(1,160)=1.737$，$p=0.189>0.1$），说明各个危机情景中被试感知的伤害结果是一样的，有效控制了感知伤害结果对实验的干扰。

第三，危机情景。对若干类型的危机情景，本次研究直接采用题项（你认为导致危机产生的根源是什么?），分析被试对材料是否正确理解。直接剔除选择错误的被试。最终保证操控的有效性。

3. 各个变量信度和效度检验

利用 Cronbach's α 系数检验问卷信度；各个变量的测量参考了以往该领域的成熟量表，并经过了试填、讨论和反复修改，具有较好的内容效度；另外，采用探索性因子分析（EFA）验证以上变量测项构成问卷的结构效度。

企业声誉 5 个题项的 Cronbach's α 系数为 0.873，KMO 值为 0.845，通过 Bartlett 球体检验，提取一个因子方差解释率为 60.119%。前测消费者态度 Cronbach's α 系数为 0.925，KMO 值为 0.889，通过 Bartlett 球体检验，提取一个因子方差解释率为 67.130%。后测消费者态度 Cronbach's α 系数为 0.905，KMO 值为 0.858，通过 Bartlett 球体检验，提取一个因子方差解释率为 63.204%。结论可靠性由 2 个题项构成，Cronbach's α 系数为 0.949，提取一个因子，方差解释率为 93.386%。消费者归因：责任归因分量表包括 4 个题项，信度分析显示 Cronbach's α 系数为 0.862，稳定性归因分量表包括 3 个题项，信度分析显示 Cronbach's α 系数为 0.812，意图性归因分量表包括 2 个题项，信度分析显示 Cronbach's α 系数为 0.909，说明量表信度较高。对 9 个归因题项一起进行因子分析时，探索性因子表明从属于 3 个维度，KMO 值为 0.853，累积解释方差为 55.885%。期望不一致 3 个题项的 Cronbach's α 系数为 0.901，KMO 值为 0.872，通过 Bartlett 球体检验，提取一个因子方差解释率为 78.483%。

并且，每个题项在对应因子上的载荷均大于 0.5。综上所述，本次研究选择的各个变量的测量量表具有很高的信度和效度。由于相应变量的测量题项均表现出可以接受的内部一致性，本次研究采用每个变量的相应测量题项得分加总后的均值作为该变量的最终计算指标。

4. 假设检验

（1）原有企业声誉对危机后消费者态度的影响。以原有企业声誉、责任清晰的危机情景类型作为自变量，以危机后消费者态度为因变量进行被试间多因素方差分析。最终分析结果如表 4 - 35、表 4 - 36 所示。

表 4 - 35　　　　　　　　　　　方差分析结果

来源	Ⅲ型平方和	自由度	均方	F 值	显著性
原有企业声誉	15.906	1	15.906	25.785	0.000
危机情景类型	79.615	2	39.808	64.531	0.000
原有企业声誉 * 危机情景类型	6.887	2	3.443	5.582	0.005
误差	96.320	156	0.617		

表 4 - 36　　　　　　　　各实验组危机后消费者态度均值

原有企业声誉	危机情景类型	均值	标准差
良好声誉	非核心能力失败	3.4800	0.81539
	核心能力失败	2.2281	0.93200
	道德不良	1.3049	0.55809
一般声誉	非核心能力失败	2.4086	0.77976
	核心能力失败	1.5015	1.03641
	道德不良	1.2207	0.47963

方差分析的结果表明，原有企业声誉的主效应显著（$F(1, 156) = 25.785$，$p < 0.001$）；危机情景类型的主效应显著（$F(2, 156) = 64.531$，$p < 0.001$），企业声誉与危机情景类型的交互效应显著（$F(2, 156) = 5.582$，$p < 0.01$）。如图 4 - 9 所示，在非核心能力失败条件下，原有良好

企业声誉危机后的消费者态度显著大于一般企业声誉（$M_{良好} = 3.48$，$M_{一般} = 2.41$，$F(1, 53) = 24.790$，$p < 0.001$）；在核心能力失败条件下，原有良好企业声誉危机后的消费者态度显著大于一般企业声誉（$M_{良好} = 2.23$，$M_{一般} = 1.50$，$F(1, 50) = 7.098$，$p = 0.010 < 0.01$）；在道德不良条件下，原有企业声誉危机后的消费者态度与一般企业声誉无差异（$M_{良好} = 1.30$，$M_{一般} = 1.22$，$F(1, 53) = 0.336$，$p = 0.559 > 0.5$）。假设 H3a、H3b 得到数据支持。

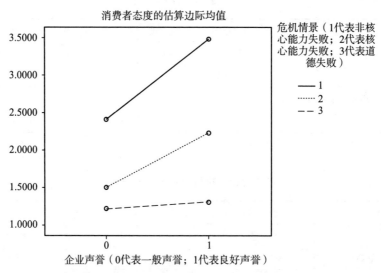

图 4 - 9　在不同危机情景中，原有企业声誉对危机后消费者态度的影响

（2）原有企业声誉对危机前后消费者态度变动的影响。研究中因变量消费者态度变动 = 消费者态度的后测值 - 消费者态度前测值。自变量为原有企业声誉类别，进行单因素方差分析。最终分析结果如表 4 - 37、表 4 - 38 所示。

表 4 – 37 方差分析结果

来源	Ⅲ型平方和	自由度	均方	F 值	显著性
原有企业声誉	46.178	1	46.178	60.828	0.000
危机情景类型	87.356	2	43.678	57.535	0.000
原有企业声誉 * 危机情景类型	6.078	2	3.039	4.003	0.020
误差	118.429	156	0.759		

表 4 – 38 各实验组危机后消费者态度变动均值

原有企业声誉	危机情景类型	均值	标准差
良好声誉	非核心能力失败	– 2.6018	0.70073
	核心能力失败	– 4.1024	0.87902
	道德不良	– 4.8023	1.04082
一般声誉	非核心能力失败	– 2.0142	0.67272
	核心能力失败	– 3.0109	0.91003
	道德不良	– 3.2744	0.96900

方差分析的结果表明，原有企业声誉的主效应显著（$F(1, 156) = 60.828$，$p < 0.001$）；危机情景类型的主效应显著（$F(2, 156) = 57.535$，$p < 0.001$），企业声誉与危机情景类型的交互效应显著（$F(2, 156) = 4.003$，$p < 0.05$）。如图 4 – 10 所示，在非核心能力失败条件下，原有良好企业声誉消费者态度改变显著大于一般企业声誉（$M_{良好} = -2.60$，$M_{一般} = -2.01$，$F(1, 53) = 10.057$，$p = 0.003 < 0.05$）；在核心能力失败条件下，原有良好企业声誉消费者态度改变显著大于一般企业声誉（$M_{良好} = -4.10$，$M_{一般} = -3.01$，$F(1, 50) = 19.350$，$p < 0.001$）；在道德不良条件下，原有良好企业声誉消费者态度改变显著大于一般企业声誉（$M_{良好} = -4.80$，$M_{一般} = -3.27$，$F(1, 53) = 30.542$，$p < 0.001$）。

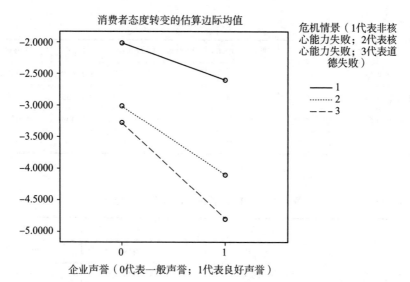

图 4 – 10　在不同危机情景中，原有企业声誉对危机后消费者态度的影响

（3）原有企业声誉对消费者感知结论可靠性的影响。以原有企业声誉和危机类型作为自变量，以消费者感知结论可靠性作为因变量进行被试间多因素方差分析。最终分析结果如表 4 – 39、表 4 – 40 所示。

表 4 – 39　　　　　　　　　方差分析结果

来源	Ⅲ型平方和	自由度	均方	F 值	显著性
原有企业声誉	0.001	1	0.001	0.001	0.981
危机情景类型	1.977	2	0.989	1.085	0.341
原有企业声誉 * 危机情景类型	1.124	2	0.562	0.617	0.541
误差	142.196	156	0.912		

表 4 – 40　　　　　　　　　各实验组结论可靠性均值

原有企业声誉	危机情景类型	均值	标准差
良好声誉	非核心能力失败	5.8880	0.92954
	核心能力失败	6.0558	0.85995
	道德不良	6.2800	1.02063

原有企业声誉	危机情景类型	均值	标准差
一般声誉	非核心能力失败	6.1259	1.01803
	核心能力失败	5.9250	0.84626
	道德不良	6.1838	1.01975

方差分析的结果表明，原有企业声誉的主效应不显著（$F(1, 156) = 0.001$，$p > 0.5$）；危机情景类型的主效应不显著（$F(2, 156) = 1.085$，$p > 0.1$），企业声誉与危机情景类型的交互效应不显著（$F(2, 156) = 0.617$，$p > 0.5$）。验证结论可靠性不存在中介作用。假设6得到验证。

（4）原有企业声誉对消费者归因的影响。以原有企业声誉、危机情景类型作为自变量，以危机后消费者责任归因、稳定性归因、意图性归因作为因变量进行被试间多因素方差分析。

责任归因最终分析结果如表4-41、表4-42所示。

表4-41　　　　　　　　　　方差分析结果

来源	Ⅲ型平方和	自由度	均方	F值	显著性
原有企业声誉	0.184	1	0.184	0.271	0.604
危机情景类型	0.309	2	0.155	0.227	0.797
原有企业声誉 * 危机情景类型	0.057	2	0.029	0.042	0.959
误差	106.306	156	0.681		

表4-42　　　　　　　　　各实验组危机后责任归因均值

原有企业声誉	信息来源类型	均值	标准差
良好声誉	非核心能力失败	5.7491	0.90976
	核心能力失败	5.8361	0.83879
	道德不良	5.9003	0.87257

续表

原有企业声誉	信息来源类型	均值	标准差
一般声誉	非核心能力失败	5.8638	0.90778
	核心能力失败	5.9004	0.74500
	道德不良	5.9239	0.64483

方差分析的结果表明，原有企业声誉的主效应不显著（$F(1, 156) = 0.271$，$p > 0.5$，$M_{良好} = 5.83$，$M_{一般} = 5.90$）；危机情景类型的主效应不显著（$F(2, 156) = 0.227$，$p > 0.5$），企业声誉与危机情景类型的交互效应不显著（$F(2, 156) = 0.042$，$p > 0.5$）。验证责任归因不存在中介作用。假设 9 得到验证。

意图性归因最终分析结果如表 4 - 43、表 4 - 44 所示。

表 4 - 43　　　　　方差分析结果

来源	Ⅲ型平方和	自由度	均方	F 值	显著性
原有企业声誉	0.035	1	0.035	0.097	0.755
危机情景类型	474.669	2	237.349	664.971	0.000
原有企业声誉 * 危机情景类型	0.935	2	0.468	1.310	0.273
误差	55.681	156	0.357		

表 4 - 44　　　　各实验组危机后意图性归因均值

原有企业声誉	危机情景类型	均值	标准差
良好声誉	非核心能力失败	2.5181	0.66449
	核心能力失败	2.7985	0.55300
	道德不良	6.3573	0.39133
一般声誉	非核心能力失败	2.7027	0.78834
	核心能力失败	2.6693	0.64222
	道德不良	6.2139	0.44759

方差分析的结果表明，原有企业声誉的主效应不显著（$F(1, 156) = 0.097$，$p > 0.1$）；危机情景类型的主效应显著（$F(2, 156) = 664.971$，$p < 0.001$），企业声誉与危机情景类型的交互效应不显著（$F(2, 156) = 1.310$，$p > 0.1$）。数据表明，原有企业声誉对意图性归因无影响，因此，意图性归因不存在中介作用。假设 10 得到数据支持。

稳定性归因最终分析结果如表 4-45、表 4-46 所示。

表 4-45　　　　　　　　　　方差分析结果

来源	Ⅲ型平方和	自由度	均方	F 值	显著性
原有企业声誉	6.697	1	6.697	8.527	0.004
危机情景类型	113.783	2	56.892	72.439	0.000
原有企业声誉 * 危机情景类型	5.645	2	2.822	3.594	0.030
误差	112.518	156	0.785		

表 4-46　　　　　　　　各实验组危机后稳定性归因均值

企业声誉类别	危机情景类型	均值	标准差
良好声誉	非核心能力失败	3.7744	1.22078
	核心能力失败	5.4816	0.89969
	道德不良	6.1880	0.50922
一般声誉	非核心能力失败	4.7047	1.08897
	核心能力失败	5.6990	0.91087
	道德不良	6.2916	0.40013

方差分析的结果表明，原有企业声誉的主效应显著（$F(1, 156) = 8.527$，$p < 0.01$，$M_{良好} = 5.17$，$M_{一般} = 5.54$）；危机情景类型的主效应显著（$F(2, 156) = 72.439$，$p < 0.001$，$M_{非核心能力失败} = 4.27$，$M_{核心能力失败} = 5.57$，$M_{道德不良} = 6.24$）；企业声誉与危机情景类型的交互效应显著（F

（1，156）=3.594，$p < 0.05$）。如图 4 - 11 所示，在非核心能力失败的条件下，原有良好企业声誉的稳定性归因显著小于一般企业声誉的稳定性归因（$F(1, 53) = 8.919$，$p = 0.004 < 0.01$，$M_{良好} = 3.77$，$M_{一般} = 4.71$）；在核心能力失败的条件下，原有良好企业声誉的稳定性归因与一般企业声誉的稳定性归因无差异（$F(1, 50) = 0.749$，$p = 0.557$，$M_{良好} = 5.48$，$M_{一般} = 5.69$）；在道德不良的条件下，原有良好声誉的稳定性归因与一般企业声誉的稳定性归因无差异（$F(1, 53) = 0.675$，$p = 0.415 > 0.1$，$M_{良好} = 6.19$，$M_{一般} = 6.29$）。数据表明稳定性归因在非核心能力失败危机中有可能存在中介作用，但尚需进一步分析。假设 11a 部分未得到验证，假设 11b 得到验证。

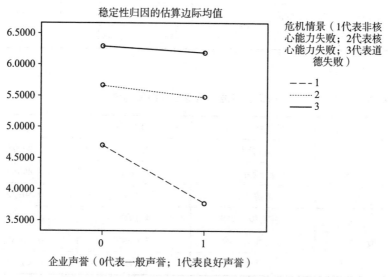

图 4 -11　在不同危机类型，原有企业声誉对稳定性归因的影响

（5）原有企业声誉对消费者期望不一致的影响。以原有企业声誉、危机情景类型作为自变量，以危机后消费者期望不一致作为因变量进行被试间多因素方差分析。分析结果如表 4 - 47、表 4 - 48 所示。

表 4 - 47　　　　　　　　　　　方差分析结果

来源	Ⅲ型平方和	自由度	均方	F 值	显著性
原有企业声誉	96. 346	1	96. 346	145. 984	0. 000
危机情景类型	13. 980	2	6. 990	10. 591	0. 000
原有企业声誉 * 危机情景类型	13. 549	2	6. 775	10. 265	0. 000
误差	102. 956	156	0. 660		

表 4 - 48　　　　　　　　　　各实验组期望不一致均值

原有企业声誉	危机情景类型	均值	标准差
良好声誉	非核心能力失败	4. 9744	0. 72704
	核心能力失败	5. 5432	0. 82970
	道德不良	6. 3220	0. 94923
一般声誉	非核心能力失败	4. 2047	0. 76689
	核心能力失败	3. 8234	0. 78037
	道德不良	4. 1791	0. 80123

方差分析的结果表明，原有企业声誉的主效应显著（$F(1, 156) = 145.984$，$p < 0.001$）；危机情景类型的主效应显著（$F(2, 156) = 10.591$，$p < 0.001$），企业声誉与危机情景类型的交互效应显著（$F(2, 156) = 10.265$，$p < 0.001$）。在三种危机情景中，数据表明期望不一致有可能存在中介作用，但尚需进一步分析。

（6）中介效应的检验。中介效应检验的方法同研究一和研究二。本部分将从三种危机情景非核心能力失败、核心能力失败和道德不良，分别分析其保护作用和破坏作用产生的机制。根据前面的数据分析，在非核心能力失败的情景中，原有企业声誉不会对责任归因、意图性归因、信息真实性、结论可靠性感知产生影响，所以也不存在中介效应。因此，中介变量的检验仅包括稳定性归因和期望不一致。而在核心能力失败和道德不良的危机情景中，原有企业声誉对稳定性归因无影响，所以也不存在中介效应，因此中介变量的检验仅包括期望不一致。

非核心能力失败最终分析结果如表 4 - 49 所示。

表 4 - 49 中介分析

模型	自变量	因变量	标准化系数	t 值	显著性	调整的 R^2
1	原有企业声誉	消费者态度改变	- 0.399	- 3.171	0.003	0.144
2	原有企业声誉	稳定性归因	- 0.380	- 2.980	0.004	0.128
3	原有企业声誉	期望不一致	0.464	3.808	0.000	0.200
4	原有企业声誉	消费者态度改变	- 0.310	- 2.372	0.021	0.379
	稳定性归因		- 0.274	- 2.136	0.044	
	期望不一致		- 0.374	- 2.856	0.006	

在该实验组中，回归模型 1 中原有企业声誉对消费者态度改变的影响显著（$c = -0.40$，$t = -3.171$，$p < 0.01$），模型 2 中原有企业声誉对稳定性归因影响显著（$a_1 = -0.38$，$t = -2.980$，$p < 0.001$），模型 3 中原有企业声誉对期望不一致的影响显著（$a_2 = 0.46$，$t = 3.808$，$p < 0.001$），模型 4 中原有企业声誉（$c' = -0.31$，$t = -2.372$，$p < 0.05$）、稳定性归因（$b_1 = -0.27$，$t = -2.136$，$p < 0.05$）和期望不一致（$b_2 = -0.37$，$t = -2.856$，$p < 0.01$）分别对消费者态度改变影响显著，并且 $|c'| = 0.31$ 小于模型 1 中的 $c = 0.40$。表明这两个变量共同发挥了部分中介作用。假设 11a 部分和假设 15 得到验证。

核心能力失败最终分析结果如表 4 - 50 所示。

表 4 - 50 中介分析

模型	自变量	因变量	标准化系数	t 值	显著性	调整的 R^2
1	原有企业声誉	消费者态度改变	- 0.528	- 4.399	0.000	0.265

续表

模型	自变量	因变量	标准化系数	t 值	显著性	调整的 R^2
2	原有企业声誉	期望不一致	0.736	7.684	0.000	0.532
3	原有企业声誉	消费者态度改变	−0.240	−2.071	0.044	0.393
	期望不一致		−0.364	−3.226	0.002	

在该实验组中，回归模型1中原有企业声誉类别对消费者态度改变的影响显著（$c = -0.53$，$t = -4.399$，$p < 0.001$），模型2中原有企业声誉类别对期望不一致的影响显著（$a_1 = 0.74$，$t = 7.684$，$p < 0.001$），模型3中原有企业声誉（$c' = -0.24$，$t = -2.071$，$p < 0.05$）对消费者态度改变影响显著，期望不一致（$b_1 = -0.36$，$t = -3.226$，$p < 0.001$）对消费者态度改变影响显著，并且 $|c'| = 0.24$ 小于模型1中的 $|c| = 0.53$，表明这个变量发挥了部分中介作用。假设15得到验证。

道德不良最终分析结果如表4−51所示。

表4−51　　　　　　　　　　　中介分析

模型	自变量	因变量	标准化系数	t 值	显著性	调整的 R^2
1	原有企业声誉	消费者态度改变	−0.612	−5.526	0.000	0.354
2	原有企业声誉	期望不一致	0.779	8.865	0.000	0.590
3	原有企业声誉	消费者态度改变	−0.297	−2.518	0.015	0.467
	期望不一致		−0.382	−3.315	0.002	

在该实验组中，回归模型1中原有企业声誉对消费者态度改变的影响显著（$c = -0.61$，$t = -5.526$，$p < 0.001$），模型2中原有企业声誉对期望不一致的影响显著（$a_1 = 0.78$，$t = 8.865$，$p < 0.001$），模型3中期望不一致（$b_1 = -0.38$，$t = -3.315$，$p < 0.01$）对消费者态度改变影响显著，原有企业声誉（$c' = -0.30$，$t = -2.518$，$p < 0.05$）对消费者态度

改变的影响显著，并且 $|c'| = 0.30$ 小于模型 1 中的 $|c| = 0.61$，表明这个变量发挥了部分中介作用。假设 15 得到验证。

4.4.5　结论与讨论

本研究分析了在企业存在过错并且责任清晰的产品伤害危机中，原有良好企业声誉所发挥的作用表现及中介机制分析。本次研究将这一类的产品伤害危机划分为核心能力失败、非核心能力失败和道德不良三种，分别研究了在这三类的危机情景中，原有企业声誉所发挥的作用及中介机制之间存在的差异。

1. 企业过错行为清晰的产品伤害危机中，原有良好企业声誉作用表现

在企业过错行为清晰的危机情景中，原有良好企业声誉是否发挥账户作用，存在差异。在非核心能力失败和核心能力失败的危机中，原有良好企业声誉却同样发挥了账户功能；在道德不良的危机情景中，原有良好企业声誉的账户作用消失，良好声誉与一般声誉企业危机后的消费者态度无差异。从声誉形成的过程分析，声誉形成的根基就是企业长期提供高品质产品和服务满足消费者的需要，并且能够考虑和保护消费者的利益。但是，道德不良危机的发生，破坏和动摇了消费者对企业声誉认知的信心程度。因此，导致原有声誉积极作用失效。

在企业过错行为清晰的危机中，原有良好企业声誉发挥了破坏作用。通过对数据的进一步分析，我们也发现过错行为属性强化了原有良好企业声誉的破坏作用。在核心能力失败和道德不良危机中，过错行为破坏了企业声誉的"根基"，企业以往积累的良好声誉受到消费者质疑，此时积极的作用受到抑制，反而由于期望不一致感知的提升，给企业造成更大的破坏。

2. 企业过错行为清晰的产品伤害危机中，原有良好企业声誉作用机制

（1）结论可靠性、责任归因、意图性归因没有发挥中介作用。在三种危机情景中，原有良好企业声誉与一般企业声誉之间无差异。原有企业良好声誉不会通过降低结论可靠性感知，进而降低危机前后消费者态度转变，即结论可靠性没有发挥中介作用。在企业过错行为清晰的情形中，原有良好声誉与一般声誉企业相比，对消费者的责任归因没有任何影响。研究结论表明，消费者在责任归属原因充分清晰时，消费者会基于客观事实进行客观的归因分析。在能力失败的两种危机情景中，原有良好声誉企业和一般声誉企业之间在归因意图性分析上无差异，并且意图归因显著低于故意添加的危机情景。研究结论表明，消费者还是依据危机中企业过错行为相关信息客观分析犯错的企业行为意图，原有良好的企业声誉也没有产生归因的主观倾向和偏好。

（2）稳定性归因和期望不一致发挥了中介作用。非核心能力失败导致的产品伤害危机，对于原有良好声誉的企业而言，消费者认为其具有偶发性，未来再次发生的概率较小，保护了危机后消费者的态度。原有良好企业声誉通过降低消费者对稳定性归因感知，发挥了一定的保护作用。但是，在核心能力失败的危机中，原有良好企业声誉比一般企业声誉导致产品伤害危机发挥了更高的破坏作用。此时，稳定性归因不再发挥中介作用，原有良好声誉通过期望不一致发挥了破坏作用。这一研究结论与我们最初的假设存在差异。我们分析主要的原因在于，核心能力失败本身体现了企业的本质特征，而消费者对危机归因中稳定性的判断主要基于危机信息，原有良好声誉没有发挥作用。核心技术失败和故意添加的情景，危机本身所显示再次发生的概率较高；并且此类危机的发生与原有良好的企业声誉根本对立，声誉的积极作用被危机信息的负效应所抵消。因此，结果显示在该两种情景中，消费者感知的稳定性归因都很高，原有良好企业声誉与一般声誉之间无差异，稳定性归因没有发挥中介作用。

本次研究中消费者所感知的期望不一致包括产品期望不一致和行为期望的不一致。在企业过错行为清晰的危机类型中，产品安全性问题的确定与企业过错行为属性的分析，导致原有企业声誉越高，消费者期望不一致感知越大，进而影响消费者态度下降就越大，发挥了破坏作用。在核心能力失败和道德不良导致的产品伤害危机情景中，原有良好声誉只有通过对期望不一致感知的增加，导致消费者态度受到更大的破坏和冲击。而在非核心能力失败的产品伤害危机情景中，原有良好企业声誉同时也通过期望不一致这一中介变量发挥了破坏作用，但是最终还是表现为破坏作用，说明在此类危机中良好声誉的保护作用小于破坏作用。原有企业声誉通过对稳定性归因的影响降低消费者期望不一致的感知。稳定性归因越高，消费者感知的期望不一致性就越大。而原有良好的企业声誉通过降低归因的稳定性，降低了消费者期望不一致的感知，削弱了部分的消极作用。

4.5 本章小结

本章根据实验数据的结果，对研究假设进行了检验。下面对所有假设在 3 类危机中的验证结果，进行汇总：

研究一：产品安全性模糊不清的产品伤害危机情景下的研究

H1：在产品安全性模糊不清的危机中，原有企业声誉越良好，危机后消费者态度也越高，即原有良好声誉能够发挥账户作用。

支持

H4：在产品安全性模糊不清的危机类型中，即缺乏权威结论证实产品存在安全性问题，原有良好企业声誉越良好，越质疑结论可靠性，从而消费者态度改变越小，即原有良好声誉通过结论可靠性发挥保护作用。

支持

H7：在产品安全性模糊不清的危机类型中，当信息源发于非权威检测机构，原有良好企业声誉越良好，消费者归因越倾向无责任的、非故意的和偶然性的，从而消费者态度改变越小，即责任归因、意图性归因和稳定性归因是原有良好声誉发挥保护作用的中介机制。

部分支持：责任归因和稳定性归因的中介作用得到验证；但是，意图性归因未发挥中介作用。

H12：在模糊不清的产品伤害危机中，原因分析的模糊度（是否给出多种备选原因）调节了原有企业声誉所发挥的作用。

支持

H13：在产品安全性模糊不清的产品伤害危机中，原有良好声誉对期望不一致无影响，即原有良好企业声誉未通过期望不一致发挥破坏作用。

支持

研究二：产品不安全但原因模糊不清的伤害危机情景下的研究

H2：在产品不安全但原因模糊不清的危机中，原有企业声誉越良好，危机后消费者态度也越高，即原有良好声誉能够发挥账户作用。

支持

H5：在产品不安全但原因模糊不清危机类型中，即存在权威结论，原有企业声誉不会对消费者所感知的结论可靠性产生影响，即结论可靠性不是原有良好声誉发挥积极作用的作用机制。

支持

H8：在产品不安全但原因模糊不清的产品伤害危机中，原有企业声誉越良好，消费者导致危机产生的企业行为属性越归因于外部不可控的、非故意的和不稳定的，进而导致消费者态度转变越小，即归因属性的 3 个维度在企业声誉与消费者态度转变发挥中介作用。

部分支持：在给出多种原因分析时，责任归因和稳定性归因发挥了中介作用；但意图性归因未发挥中介作用。在未给出多种原因分析时，责任归因和意图性归因均未发挥中介作用；但稳定性归因发挥中介作用。

H12：在模糊不清的产品伤害危机中，原因分析的模糊度（是否给出多种备选原因），调节了原有企业声誉所发挥的作用。

支持

H14：在产品不安全但是原因模糊不清的产品伤害危机中，原有企业声誉对期望不一致无影响，即原有良好声誉未通过期望不一致发挥破坏作用。

部分支持：在给出多种原因分析时，期望不一致未发挥中介作用。在未给出多种原因分析时，期望不一致发挥中介作用。

研究三：企业过错行为清晰的产品伤害危机情景下的研究中

H3：在企业过错清晰的危机中，原有企业声誉对危机后消费者态度的影响存在差异。

H3a：在核心能力失败和非核心能力失败的危机中，原有企业声誉越良好，危机后消费者态度也越高，即原有良好声誉能够发挥账户作用。

支持

H3b：在道德不良的危机中，原有企业声誉对危机后消费者态度无影响，即原有良好声誉没有发挥账户作用。

支持

H6：在企业过错行为清晰的危机类型中，即存在权威结论，原有企业声誉不会对消费者所感知的结论可靠性产生影响，即结论可靠性不是原有良好声誉发挥积极作用的作用机制。

支持

H9：在企业过错行为清晰的3种危机类型中，原有良好企业声誉不会对责任归因产生影响，即责任归因未发挥中介作用。

支持

H10：在企业过错行为清晰的3种危机类型中，原有良好企业声誉不会对意图性归因产生影响，即意图性归因未发挥中介作用。

支持

H11：在企业过错行为清晰的危机情景中，原有企业声誉与行为稳定性归因的关系存在差异。

H11a：在非核心能力失败和核心能力失败的危机情景中，原有良好企业声誉通过对稳定性归因的影响，降低了消费者态度转变，即原有良好企业声誉通过稳定性归因发挥保护作用。

部分支持：在非核心能力失败危机情景中，稳定性归因发挥中介作用；在核心能力失败的危机情景中，稳定性归因未发挥中介作用。

H11b：在道德不良的危机情景中，原有良好企业声誉与稳定性归因无关，即原有良好企业声誉未通过稳定性归因发挥保护作用。

支持

H15：在企业过错行为清晰的产品伤害危机中，原有企业声誉越良好，消费者感知的期望不一致越大，进而导致消费者态度转变越大，即原有良好声誉通过期望不一致发挥破坏作用。

支持

———————— 第 5 章 ————————

危机初始应对阶段良好企业声誉与
企业应对策略

在危机初始应对阶段，不同危机情景，原有良好企业声誉影响了危机初始应对策略的选择和所发挥的效应。本章通过对理论基础的分析，提出研究假设；并且，分别在不同的危机情景（产品安全性模糊不清的危机、产品不安全性但原因模糊不清的危机、企业过错行为清晰的危机）中，采用实验研究方法对所提出的研究假设进行验证。

5.1　理论基础与研究假设

5.1.1　模糊不清的危机情景中良好企业声誉与应对策略选择

企业回应沟通模型提出，当危机情景中没有明确的证据显示企业犯错时，最优的策略是否认策略（Bradford & Garrett，1995）。企业通过否认策略，影响消费者和公众的认知，达到修复的效果，消费者态度提升，购买意愿增加。当缺乏权威证据时，企业作为信息源发布的信息，能否被消费者采纳，取决于消费者对企业本身的信任程度。信息源可信度是受众认为信息源值得信任（可信赖）和能够胜任（专业性）的程度（Hovland et al.，1953）。其中，可信赖性是指信息的传播方被认为主观上是否愿意提供事实真相。信息源可信度高低影响了受众对信息的采纳和态度的转变。信息源的可信度越高，信息影响认知过程的作用越大。当企业声誉越良好时，消费者和公众对企业信任度较高。此时，企业采取不存在策略，能够有效削弱消费者和公众对危机的负面认知，实现修复的目的。

但是，不存在策略具有两面性，在不承认产品存在安全性问题和企业存在过错的同时，也传达了企业不愿承担责任的信号。在模糊不清的危机情景中，基本归因偏向和防御性归因动机的存在驱使消费者和公众更倾向认为企业产品不安全和企业存在过错导致危机的发生。在产品不安全但原因模糊不清的危机中，产品不安全的认定将更加激发消费者的防御性归因。而一般声誉企业作为信息源的可信赖程度较低，不存在策略与消费者认知产生失调。根据选择性注意和偏向性信息加工理论，与先前态度一致的信息更具有说服力（Ahluwalia et al.，2000；Ahluwalia，2002）。消费具有归因倾向后，会积极选择和寻找与推测相一致的信息，寻求推论的一致性，而不是发现新信息反驳推测。当消费者防御性心理很强时，更会选择性注意风险信号，减少认知冲突。消费者和公众更倾向认为企业不愿意承担责任，诱发两面性中的消极作用，给企业造成更严重的负面影响。

企业认知和消费者认知存在差异。在没有权威证据时，如果不去影响消费者认知，而是充分表达对消费者利益关心的关怀策略，可以发挥间接影响消费者认知的作用。因为，社会责任感越高的企业，消费者和公众会做出更有利于企业的偏向归因（Klein & Dawar，2004）。如果企业被认为是个关心消费者利益的企业，消费者更倾向认为产品不存在安全性问题和企业不存在过错。因此，无论企业声誉良好与否，采取不影响消费者认知而是充分体现企业社会责任感的关怀策略，同样能够发挥积极的修复作用。

因此，提出假设：

H1：在产品安全性模糊不清的产品伤害危机中，原有企业声誉调节了危机应对策略的选择。

H1a：在产品安全性模糊不清的产品伤害危机中，良好声誉企业可以选择不存在策略和关怀策略，两种均能发挥修复作用，关怀策略为最优策略；

H1b：在产品安全性模糊不清的产品伤害危机中，一般声誉企业可以选择关怀策略，不存在策略发挥了负作用。

H2：在产品不安全但原因模糊不清的产品伤害危机中，原有企业声誉调节了应对策略的选择。

H2a：在产品不安全但原因模糊不清的产品伤害危机中，良好声誉企业可以选择不存在和关怀策略，均能发挥修复作用，关怀策略为最优策略；

H2b：在产品不安全但原因模糊不清的产品伤害危机中，一般声誉企业可以选择关怀策略，不存在策略发挥了负作用。

5.1.2 企业过错行为清晰的情景中良好企业声誉对应对策略效力的影响

在企业过错行为清晰产品伤害危机中，产品已经被认定不安全，并且企业存在过错导致危机的发生。此类危机应对关键是对消费者和社会公众表达后悔，和增强危机不会再次发生的信念。因此，企业应对策略包括主动召回产品，并且采取修复策略。修复的策略表现了企业后悔的心态，能够让消费者正面判断企业未来行为选择的良好动机和意图（Lewicki & Bunker，1996）。此结论已经在很多研究中得到验证（Bradford & Garrett，1995；Dawar & Pinutla，2000；Coombs，2007；方正等，2010）。保持沉默（缄默）、否认、辩解等其他策略将给企业造成更严重的负面影响（Bottom et al.，2002）。因此，无论是道德不良，还是能力失败的危机，都要选择修复策略。

在能力失败导致的危机中，基于企业的晕轮效应，当原有声誉越良好，并且是首次出现此类危机时，过往良好产品和企业行为的优异表现，更容易影响消费者认为，此次危机并不能真实反映企业的质量和行为特征。一次的能力失败并不能完全否定良好声誉企业过往的优异表现。此时，如果企业采取恰当的应对策略，表达后悔和遗憾，并且采取有效的纠正措施，原有良好企业声誉发挥了正强化的作用，恰当应对策略的修复作用增强。因此，我们认为原有良好声誉发挥了积极的保护作用，削弱了此类危机的负面影响。

但是，如果消费者感知原有良好声誉建立的欺骗之上，则消费者无法利用过去的声誉信号来反驳危机。道德价值观本身被视为个体最稳定的个性特质（Reeder et al.，2002）。人员渎职和企业故意添加危机的发生，反映出企业本身的道德价值观，没有考虑消费者的利益，从而导致以往累积的良好声誉受到消费者质疑，原有良好声誉的积极作用被抑制。因此，在道德不良的危机情景中，原有良好声誉并不能强化恰当应对策略的修复作用。

因此，提出假设：

H3：在企业过错行为清晰的危机情景中，原有良好企业声誉对恰当应对策略修复效力的调节作用存在差异。

H3a：在能力失败导致的危机中，原有良好企业声誉增强了恰当应对策略的修复作用；

H3b：在道德不良导致的危机中，原有良好企业声誉并没有增强恰当应对策略的修复作用。

5.2　产品安全性模糊不清的危机情景中的假设验证

根据前述分析，模糊不清的产品伤害危机中，危机应对选择包括否认和关怀策略。本次研究目的是验证原有良好企业声誉对该策略效果的调节作用。因此，设计了 2（原有企业声誉类别：良好声誉和一般声誉）×3（不存在、关怀和暂无应对）两因素组间实验。被试为同质的大学生样本。因为在第 4 章的研究中，信息源来自于消费者和大学研究小组的研究结论没有差异，所以本次研究仅选择信息源来自于消费者的危机情景，并且不再给出多种原因分析。因为，多种原因分析增加了外部主体应对，而本次研究主要考虑企业应对，此次研究中暂不涉及。

5.2.1　刺激物的选择和情景设计

同第4章研究一一致，本研究选择方便面作为刺激物。实验中采用虚拟品牌，能够有效地避免无关变量对结果的干扰和影响，保证实验信度。

实验材料中包括三个部分：一是操控企业声誉的刺激材料，包括虚拟品牌介绍的相关信息；二是产品伤害危机的模拟情景；三是最优应对策略的实验材料。前两部分内容与第4章研究一完全一致。其中，第二部分和第三部分的材料放在一张信息卡片上。应对策略包括不存在策略和关怀策略，材料的内容根据产品伤害危机的模拟情景和不同应对策略的特征，结合现实案例改编而成。具体材料内容如下：

不存在策略表述：

事件爆发后，企业随即发表声明，表示企业长期以来非常关心消费者身体健康和重视产品质量，企业确信生产的产品不存在安全性问题，请消费者放心使用。

关怀策略表述：

事件爆发后，企业随即发表声明，将对市场上销售的若干批次产品样本进行送检；并表示企业长期以来非常关心消费者身体健康和重视产品质量，企业将和造成影响的消费者进一步沟通，协助相关部门调查消费者发生腹泻的根本原因；积极进行企业内部的自检，如果系企业原因导致伤害结果，将承担全部责任。

5.2.2　实验量表设计和实验步骤

根据研究目的，本次研究量表中核心测量变量仅包括，企业声誉、危机后消费者态度。对应测量题项与前述一致。

实验步骤：第一，主试人员对被试解释实验的用途、实验的流程及如何填答问卷，控制用时两分钟，为了防止被试迎合性的回答，笔者声称此次调研为某品牌的市场调研；第二，向被试发放有关企业声誉测量的信息卡片和题项问卷，要求被试认真阅读并填答问项；第三，被试填答完毕后，主试人员回收问卷；第四，发放危机情景和应对策略的信息卡片和题项问卷，要求被试认真阅读并填答问项；第五，被试填答完毕后，主试人员回收问卷；第六，对大家的参与表示感谢，并告知被试此次实验中所给信息均为虚构，避免他们对现实企业或品牌产生怀疑。在问卷整理完毕之后，经审阅的有效问卷，给予被试相应的报酬。整个实验用时 15 分钟，实验进程由作者亲自操控，并由该班级的任课教师现场协助完成。

5.2.3　结果与分析

1. 样本概况

高校 210 名学生参加了本次实验，回收问卷 203 份，删除未完整作答的、被试在操控检验中有认知偏差的、前后题项出现矛盾的，最终有效问卷 160 份，有效回收率 76.19%。其中，男性 71 名，女性 89 名，男性样本和女性样本分别占 44% 和 56%。本次研究中，不同情境组别的有效问卷数量如表 5-1 所示，样本量满足了实验的要求。

表 5-1　　　　　　　　各个组别被试个数

原有声誉类型	应对策略	被试个数
良好企业声誉	无	24
良好企业声誉	否认	27
良好企业声誉	关怀	25
一般企业声誉	无	25
一般企业声誉	否认	30
一般企业声誉	关怀	29
总计		160

2. 操控检验

第一，是对企业声誉操控检验。本次研究对企业声誉的测量包括 5 个题项（$a = 0.913$）。以企业声誉平均得分为因变量，以声誉操控类别为自变量的方差分析表明，良好声誉组企业声誉平均得分显著高于一般声誉组（$M_{良好} = 5.93$（1.05），$M_{一般} = 4.54$（0.83），$F(1，158) = 87.086$，$p < 0.001$）。上述结果表明，本次研究对良好声誉组和一般声誉组的操控是成功的。由于本实验的被试是学生样本，排除了样本的异质性可能带来的混杂效应。

第二，是对各个实验组感知伤害结果的操控检验。良好声誉组和一般声誉对各个危机情景感知伤害结果无差异（$M_{良好} = 3.27$（1.37），$M_{一般} = 3.41$（1.12），$F(1，158) = 0.505$，$p = 0.479$），说明各个危机情景中被试感知的伤害结果是一样的，有效控制了感知伤害结果对实验的干扰。

第三，危机情景。采用题项测量（你认为消费者〈大学研究小组、政府检测机构〉给出该产品存在安全问题的结论是否具有权威性?），分析被试对材料是否正确理解。直接剔除选择得分大于 4 的被试，最终保证操控的有效性。

第四，应对策略。在采取修复策略的组别问卷中，直接采取题项（你认为企业采取了以下哪种应对策略?），分析被试对有关应对策略材料是否正确理解。直接剔除选择错误的被试，最终保证操控的有效性。

3. 各个变量信度和效度检验

通过对实验收集的问卷进行信度检验，结果表明：各变量的 Cronbach's α 系数均超过了努纳利（Nunnally，1978）的建议值 0.7。关键变量的 α 系数分别为：企业声誉 0.879；危机后消费者态度 0.922。由于相应变量的测量题项均表现出可以接受的内部一致性，本次研究采用每个变量的相应测量题项得分加总后的均值作为该变量的最终计算指标。

各个变量的测量参考了以往该领域的成熟量表，并经过了试填、讨论和反复修改，具有较好的内容效度；另外，采用探索性因子分析（EFA）

验证以上变量测项构成问卷的结构效度。企业声誉 5 个题项的 KMO 值为 0.857 > 0.7，并通过 Bartlett 球体检验，提取一个因子，方差解释率为 61.252%。危机后消费者态度 KMO 值为 0.890 > 0.7，并通过 Bartlett 球体检验，提取一个因子方差解释率为 64.930%。每个题项在对应因子上的载荷大于 0.5。因此，问卷结构效度良好。

4. 假设检验

以原有企业声誉类型和应对策略作为自变量，以危机后消费者态度为因变量进行被试间多因素方差分析。最终分析结果表明（如图 5 - 1 所示），企业声誉的主效应显著（$F(1, 154) = 274.963$，$p < 0.001$）；应对策略的主效应显著（$F(2, 154) = 17.169$，$p < 0.001$）；企业声誉与应对策略存在交互作用（$F(2, 154) = 6.213$，$p = 0.003 < 0.01$）。

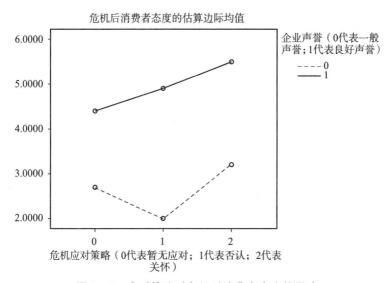

图 5 - 1　应对策略对危机后消费者态度的影响

在良好企业声誉的组别中，方差分析结果表明，采取关怀和否认策略均优于暂无应对策略，这些策略在此类危机中均发挥了积极的修复作用。采取关怀策略后消费者态度显著高于无应对时的态度（$F(1, 47) = $

15.895，$p = 0.002 < 0.001$，$M_{关怀} = 5.497$，$M_{暂无应对} = 4.401$；否认策略后消费者态度显著高于无应对时的态度 $F_{(1, 49)} = 4.288$，$p = 0.044 < 0.05$，$M_{否认} = 4.902$，$M_{暂无应对} = 4.401$）。最终，按照应对策略发挥的修复效力排序依次为关怀策略、否认策略（$F_{(1, 50)} = 4.717$，$p = 0.035 < 0.05$，$M_{否认} = 4.902$，$M_{关怀} = 5.497$）。假设1a得到验证。

在一般企业声誉的组别中，方差分析结果表明，仅有关怀策略发挥了积极修复作用，采取关怀策略后消费者态度显著高于暂无应对时的态度（$F_{(1, 52)} = 4.979$，$p = 0.030 < 0.05$，$M_{关怀} = 3.205$，$M_{暂无应对} = 2.701$）；采取否认策略后消费者态度显著低于无应对时的态度（$F_{(1, 53)} = 10.240$，$p = 0.002 < 0.01$，$M_{否认} = 2.003$，$M_{暂无应对} = 2.701$）。假设1b得到验证。

5.2.4　结论与讨论

本研究分析了在产品安全性模糊不清的危机中，原有良好企业声誉对应对策略选择的影响。最终研究结论表明，原有企业声誉调节了危机爆发后初始应对策略的选择。当原有企业声誉良好时，企业从不存在策略和关怀策略中选择任何一种，均能发挥积极的修复作用，并且修复效力依次为关怀策略和不存在策略。但是，在尊重事实真相的前提下，如果考虑应对成本，可以选择不存在策略。但是，当原有企业声誉一般时，仅有关怀策略能够发挥修复作用。采取不存在策略，不但没有提升消费者态度，反而增加了不恰当应对策略对企业造成的二次损害。

虽然，本研究没有验证原有不良声誉的情形，但是通过一般声誉组各应对策略的表现，不难推断出当声誉不良时，由于消费者归因对企业更为不利，认为企业产品存在安全性问题，并负有责任。因此，应对策略更应当选择关怀策略，暂时不去强调和影响消费者的归因认知过程。防止认知失调引发消费者对企业不存在策略的曲解，认为企业不想承担责任。

5.3　产品不安全但原因模糊不清危机情景中的假设验证

根据前述分析，模糊不清的产品伤害危机中，危机应对选择包括否认策略和关怀策略。本次研究的目的是验证原有良好企业声誉对该策略效果的调节作用。因此，设计了 2（原有企业声誉类别：良好声誉和一般声誉）×3（不存在、关怀和暂无应对）两因素组间实验。被试为同质的大学生样本。

5.3.1　刺激物的选择和情景设计

同第 4 章研究二一致，本研究选择方便面作为研究的刺激物。实验中采用虚拟品牌，能够有效地避免无关变量对结果的干扰和影响，保证实验的信度。

实验材料中包括三个部分：一是操控企业声誉的刺激材料，包括虚拟品牌介绍的相关信息；二是有关产品伤害危机的模拟情景；三是有关应对策略的实验材料。其中，第二部分和第三部分的材料放在一张信息卡片上。前两个部分内容与第 4 章研究二完全一致。应对策略包括不存在策略和关怀策略。具体的材料内容如下：

不存在策略表述：

事件爆发后，企业随即发表声明，市场上该产品全部停售，并对存在问题的产品进行召回；同时企业表示，企业在自检中并未发现导致产品不合格的原因，并且该批次其他产品自检合格，应该存在其他外部因素导致产品超标。

关怀策略表述：

事件爆发后，企业随即发表声明，市场上该产品全部停售，并对存在问题的产品进行召回；同时，企业表示将进一步协助相关部门进行调查问题产生的根源；积极进行自检，如果系企业原因导致产品不合格，将承担全部责任。

5.3.2 实验量表设计和实验步骤

根据研究目的，本次研究量表中核心测量变量仅包括，企业声誉、危机后消费者态度。对应测量题项与前述一致。

实验步骤：第一，主试人员对被试解释实验的用途、实验的流程及如何填答问卷，控制用时 2 分钟，为了防止被试迎合性的回答，笔者声称此次调研为某品牌的市场调研；第二，向被试发放有关企业声誉测量的信息卡片和题项问卷，要求被试认真阅读并填答问项；第三，被试填答完毕后，主试人员回收问卷；第四，发放危机情景和应对策略的信息卡片和题项问卷，要求被试认真阅读并填答问项；第五，被试填答完毕后，主试人员回收问卷；第六，对大家的参与表示感谢，并告知被试此次实验中所给信息均为虚构，避免他们对现实企业或品牌产生怀疑。在问卷整理完毕之后，经审阅的有效问卷，给予被试相应的报酬。整个实验用时 15 分钟，实验进程由作者亲自操控，并由该班级的任课教师现场协助完成。

5.3.3 结果与分析

1. 样本概况

高校 210 名学生参加了本次实验，回收问卷 197 份，删除未完整作答的、被试在原有企业声誉操控检验中有认知偏差的、前后题项出现矛盾的，最终有效问卷 166 份，有效回收率 79.05%。其中，男性 69 名，女性 104 名，男性样本和女性样本分别占 42% 和 58%。本次研究中，不同情境组别的有效问卷数量如表 5-2 所示，样本量满足了实验的要求。

表 5 - 2 各个组别被试个数

原有声誉类型	应对策略	被试个数
良好企业声誉	无	26
良好企业声誉	否认	29
良好企业声誉	关怀	25
一般企业声誉	无	30
一般企业声誉	否认	27
一般企业声誉	关怀	29
总计		166

2. 操控检验

第一，是对企业声誉操控检验。本次研究对企业声誉的测量包括 5 个题项（$a = 0.913$）。以企业声誉平均得分为因变量，以声誉操控类别为自变量的方差分析表明，高声誉组企业声誉平均得分显著高于低声誉组（$M_{良好} = 6.13$（1.306），$M_{一般} = 4.61$（0.998），$F(1, 164) = 72.094$，$p < 0.001$）。上述结果表明，本次研究对良好声誉组和一般声誉组的操控是成功的。由于本实验的被试是学生样本，排除了样本的异质性可能带来的混杂效应。

第二，是对各个实验组感知伤害结果的操控检验。良好声誉组和一般声誉对各个危机情景感知伤害结果无差异（$M_{良好} = 3.49$（1.25），$M_{一般} = 3.73$（1.40），$F(1, 164) = 1.351$，$p = 0.247$），说明各个危机情景中被试感知的伤害结果是一样的，有效控制了感知伤害结果对实验的干扰。

第三，危机情景。对于危机情景，本次研究采用题项测量（你认为消费者〈大学研究小组、政府检测机构〉给出该产品存在安全问题的结论是否具有权威性?），分析被试对材料是否正确理解。直接剔除选择得分小于 4 的被试，最终保证操控的有效性。

第四，应对策略。在采取修复策略的组别问卷中，直接采取题项（你认为企业采取了以下哪种应对策略?),分析被试对有关应对策略材料是否正确理解。直接剔除选择错误的被试,最终保证操控的有效性。

3. 各个变量信度和效度检验

通过对实验收集的问卷进行信度检验,结果表明:各变量的 Cronbach's α 系数均超过了努纳利(Nunnally,1978)的建议值 0.7。关键变量的 α 系数分别为:企业声誉 0.890;危机后消费者态度 0.908。由于相应变量的测量题项均表现出可以接受的内部一致性,本次研究采用每个变量的相应测量题项得分加总后的均值作为该变量的最终计算指标。

各个变量的测量参考了以往该领域的成熟量表,并经过了试填、讨论和反复修改,具有较好的内容效度。另外,采用探索性因子分析(EFA)验证以上变量测项构成问卷的结构效度。企业声誉 5 个题项的 KMO 值为 0.869 > 0.7,并通过 Bartlett 球体检验,提取一个因子,方差解释率为 62.709%。危机后消费者态度 KMO 值为 0.879 > 0.7,并通过 Bartlett 球体检验,提取一个因子方差解释率为 63.450%。每个题项在对应因子上的载荷大于 0.5。因此,问卷结构效度良好。

4. 假设检验

以原有企业声誉类型和应对策略作为自变量,以危机后消费者态度为因变量进行被试间多因素方差分析。最终分析结果表明如图 5-2 所示,企业声誉的主效应显著($F(1,160)=109.775$,$p<0.001$);应对策略的主效应显著($F(2,160)=66.886$,$p<0.001$);企业声誉与应对策略存在交互作用($F(2,160)=4.711$,$p=0.010<0.05$)。

在良好企业声誉的组别中,方差分析的结果表明,采取关怀策略优于暂无应对策略,发挥了积极的修复作用($F(1,49)=5.087$,$p=0.029<0.05$,$M_{关怀}=3.62$,$M_{暂无应对}=3.20$);而否认策略显著低于无应对($F(1,53)=22.698$,$p<0.001$,$M_{否认}=2.20$,$M_{暂无应对}=3.20$)。因此,只有关怀策略才能发挥的修复作用。假设 2a 得到部分验证。

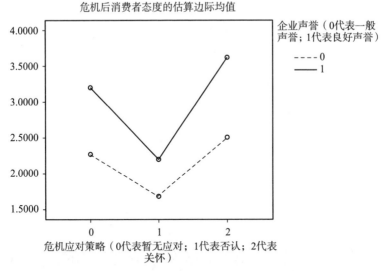

图 5 - 2　应对策略对危机后消费者态度的影响

在一般企业声誉的组别中，方差分析的结果表明，采取关怀策略后消费者态度显著高于暂无应对时的态度（$F(1, 57) = 4.233$，$p = 0.044 < 0.05$，$M_{关怀} = 2.51$，$M_{暂无应对} = 2.27$）；采取否认策略后消费者态度显著低于无应对时的态度（$F(1, 55) = 19.643$，$p < 0.001$，$M_{否认} = 1.68$，$M_{暂无应对} = 2.27$）。假设 2b 得到验证。

5.3.4　结论与讨论

本研究分析了在产品不安全性但原因模糊不清的危机中，原有良好企业声誉对应对策略选择的影响。最终研究结论表明，原有企业声誉调节了危机爆发后初始应对策略的选择。当原有企业声誉良好时，企业采取关怀策略能发挥积极的修复作用。此类危机中，如果采取不存在策略反而发挥了加剧破坏的作用。此结果与假设不一致，可能存在的原因是此类危机中，产品不安全导致消费者防御性归因增强，提高了对企业的责任归因。此时，不存在策略两面性中，负面消极的一面发挥了更强作用，最终导致负效应的产生。当原有声誉一般时，企业应采取关怀策略，否认将会给企业造成二次伤害。与本章研究一的结论对比分析，产品伤害危机类型调节了应对策略发挥的效应。不存在策略只有在产品安全性模糊不清的类型中，并且企业原有声誉良好时才能发挥正向积极作用。

虽然，本研究没有验证原有不良声誉的情形，但是通过一般声誉组各应对策略的表现，不难推断出当声誉不良时，由于消费者归因对企业更为不利，认为企业对危机的发生负有责任。因此，应对策略更应当选择关怀策略，暂时不去强调和影响消费者的归因认知过程，防止因认知失调引发消费者对企业不存在策略的曲解，认为企业不想承担责任。

5.4 企业过错行为清晰的危机情景中的假设验证

根据前述分析，企业存在过错的产品伤害危机中，最优应对策略选择主动召回和修复策略。本次研究的目的是验证原有良好企业声誉对该策略效果的调节作用。因此，设计了2（原有企业声誉类别：良好声誉和一般声誉）×3（道德不良的产品伤害危机、核心能力失败的产品伤害危机、非核心能力失败的产品伤害危机）×2（有事件无应对和采取最优应对策略）三因素组间实验。被试为同质的大学生样本。

5.4.1 刺激物的选择和情景设计

同第4章研究三一致，本研究选择眼药水作为研究的刺激物。实验中采用虚拟品牌，能够有效地避免无关变量对结果的干扰和影响，保证实验的信度。

实验材料中包括三个部分：一是操控企业声誉的刺激材料，包括虚拟品牌介绍的相关信息；二是有关产品伤害危机的模拟情景；三是有关最优应对策略的实验材料。其中，第二部分和第三部分的材料放在一张信息卡片上。前两个部分内容与研究三完全一致。最优应对策略包括企业主动召回产品、停售、退换货、道歉、承诺等。结合具体情景应对策略如下：

非核心能力失败的危机：

事件爆发后，润泽企业随即发表声明，市场上该产品全部停售；润泽企业长期以来致力于对消费者视力的保护，发生了这样的伤害事件，企业对消费者真诚道歉，并愿意承担全部责任，对已经造成伤害的消费者给予经济补偿，已经购买的消费者无条件退货；同时，企业表示将由第三方专业包装设计企业重新设计和使用新包装，防止此类事件的再次发生。

核心能力失败的危机：

事件爆发后，润泽企业随即发表声明，市场上该产品全部停售；润泽企业长期以来致力于对消费者视力的保护，发生了这样的伤害事件，企业对消费者真诚道歉，并愿意承担全部责任，对已经造成伤害的消费者给予经济补偿，已经购买的消费者无条件退货；同时，企业表示将重新调整配方，并由第三方专业研究机构对配方的安全性进行严格监控，防止此类事件的再次发生。

道德不良的危机：

危机发生后，润泽企业随即发表声明，市场上该产品全部停售；企业就伤害事件真诚道歉，并愿意承担全部责任，对已经造成伤害的消费者给予经济补偿，已经购买的消费者无条件退货；企业承诺此类事件不会再次发生，并且将引入第三方质量监督机构对产品质量进行严格监控。

5.4.2 实验量表设计和实验步骤

根据研究目的，本次研究量表中核心测量变量仅包括，企业声誉、危机后消费者态度。对应测量题项与前述一致。

实验步骤：第一，主试人员对被试解释实验的用途、实验的流程及如何填答问卷，控制用时 2 分钟，为了防止被试迎合性的回答，笔者声称此次调研为某品牌的市场调研；第二，向被试发放有关企业声誉测量的信息卡片和题项问卷，要求被试认真阅读并填答问项；第三，被试填答完毕后，主试人员回收问卷；第四，发放危机情景和应对策略的信息卡片和题项问卷，要求被试认真阅读并填答问项；第五，被试填答完毕后，主试人员回收问卷；第六，对大家的参与表示感谢，并告知被试此次实验中所给信息均为虚构，避免他们对现实企业或品牌产生怀疑。在问卷整理完毕之后，经审阅的有效问卷，给予被试相应的报酬。整个实验用时 15 分钟，实验进程由作者亲自操控，并由该班级的任课教师现场协助完成。

5.4.3 结果与分析

1. 样本概况

高校 420 名学生参加了本次实验，回收问卷 392 份，删除未完整作答的、被试在原有企业声誉操控检验中有认知偏差的、前后题项出现矛盾的，最终有效问卷 337 份，有效回收率 80.24%。其中，男性 138 名，女性 199 名，男性样本和女性样本分别占 41% 和 59%。本次研究中，不同情境组别的有效问卷数量如表 5-3 所示，样本量满足了实验的要求。

表 5-3　　　　　　　　　各个组别被试个数

原有声誉类型	危机情景类型	有无应对策略	被试个数
良好企业声誉	核心能力失败	无	31
良好企业声誉	核心能力失败	有	28
一般企业声誉	核心能力失败	无	27
一般企业声誉	核心能力失败	有	28
良好企业声誉	非核心能力失败	无	29
良好企业声誉	非核心能力失败	有	30
一般企业声誉	非核心能力失败	无	27
一般企业声誉	非核心能力失败	有	29
良好企业声誉	道德不良	无	26
良好企业声誉	道德不良	有	30

续表

原有声誉类型	危机情景类型	有无应对策略	被试个数
一般企业声誉	道德不良	无	28
一般企业声誉	道德不良	有	24
总计			337

2. 操控检验

第一，是对企业声誉操控检验。本次研究对企业声誉的测量包括 5 个题项（$a = 0.913$）。以企业声誉平均得分为因变量，以声誉操控类别为自变量的方差分析表明，良好声誉组企业声誉平均得分显著高于一般声誉组（$M_{良好} = 5.93$（1.33），$M_{一般} = 4.61$（1.13），$F(1, 335) = 95.348$，$p < 0.001$）。上述结果表明，本次研究对良好声誉组和一般声誉组的操控是成功的。由于本实验的被试是学生样本，排除了样本的异质性可能带来的混杂效应。

第二，是对各个实验组感知伤害结果的操控检验。良好声誉组和一般声誉对各个危机情景感知伤害结果无差异（$M_{良好} = 3.73$（1.35），$M_{一般} = 3.92$（1.27），$F(1, 335) = 1.732$，$p = 0.189$），说明各个危机情景中被试感知的伤害结果是一样的，有效控制了感知伤害结果对实验的干扰。

第三，危机情景。对若干类型的危机情景，直接采用题项（你认为导致危机产生的根源是什么?），分析被试对材料是否正确理解。直接剔除选择错误的被试，最终保证操控的有效性。

第四，应对策略。在采取修复策略的组别问卷中，直接采取题项（你认为企业是否采取了恰当的应对策略?），分析被试对应对策略的感知。直接剔除得分小于 4 的被试，保证操控的有效性。

3. 各个变量信度和效度检验

通过对实验收集的问卷进行信度检验，结果表明：各变量的 Cronbach's α 系数均超过了努纳利（Nunnally，1978）的建议值 0.7。关键

变量的 α 系数分别为：企业声誉 0.861；危机后消费者态度 0.917。由于相应变量的测量题项均表现出可以接受的内部一致性，本次研究采用每个变量的相应测量题项得分加总后的均值作为该变量的最终计算指标。

各个变量的测量参考了以往该领域的成熟量表，并经过了试填、讨论和反复修改，具有较好的内容效度。另外，采用探索性因子分析（EFA）验证以上变量测项构成问卷的结构效度。企业声誉 5 个题项的 KMO 值为 0.843 > 0.7，并通过 Bartlett 球体检验，提取一个因子，方差解释率为 59.672%。危机后消费者态度 KMO 值为 0.884 > 0.7，并通过 Bartlett 球体检验，提取一个因子方差解释率为 63.913%。每个题项在对应因子上的载荷均大于 0.5。因此，问卷结构效度良好。

4. 假设检验

以原有企业声誉类型、危机情景类型、应对策略作为自变量，以危机后消费者态度为因变量进行被试间多因素方差分析。最终分析结果表明，企业声誉的主效应显著（$F(1, 325) = 128.971$，$p < 0.001$）；并且，企业声誉与应对策略存在交互作用（$F(2, 160) = 6.512$，$p = 0.011 < 0.05$）。

在非核心能力失败的产品伤害危机中，方差分析结果表明，原有企业声誉的主效应显著（$F(1, 110) = 143.760$，$p < 0.001$）；原有良好企业声誉组的消费者态度显著高于一般企业声誉组（$M_{良好} = 4.44$，$M_{一般} = 3.24$）。原有企业声誉与应对策略存在交互作用（$F(1, 110) = 4.055$，$p = 0.046 < 0.05$）。如图 5-3 所示，在原有良好企业声誉组，采取修复策略发挥了更强的正向修复作用。

在核心能力失败的产品伤害危机中，方差分析的结果表明，企业原有声誉的主效应显著（$F(1, 111) = 49.180$，$p < 0.001$）；原有良好企业声誉组的消费者态度显著高于一般企业声誉组（$M_{良好} = 2.98$，$M_{一般} = 2.00$）。原有企业声誉与应对策略存在交互作用（$F(1, 111) = 4.674$，$p = 0.033 < 0.05$）。如图 5-4 所示，在原有良好企业声誉组，采取修复策略发挥了更强的正向修复作用。

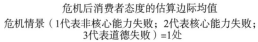

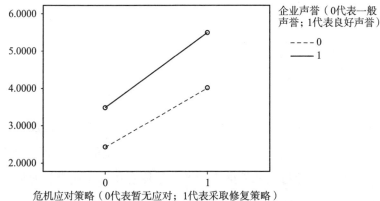

图 5 - 3 非核心能力失败的危机中，应对策略对危机后消费者态度的影响

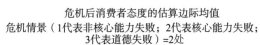

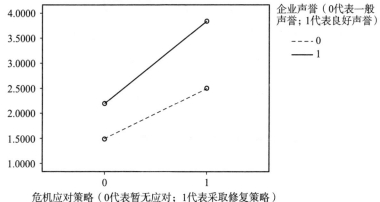

图 5 - 4 核心能力失败的危机中，应对策略对危机后消费者态度的影响

在道德不良的产品伤害危机中，方差分析的结果表明，企业声誉的主效应不显著（$F(1, 104) = 1.292$，$p = 0.258$；$M_{良好} = 1.60$，$M_{一般} = 1.45$）；并且原有企业声誉与应对策略也不存在交互作用（$F(1, 104) = 0.014$，$p = 0.907$）。

最终，假设 3 得到验证。

5.4.4 结论与讨论

本研究分析了在企业过错行为清晰的产品伤害危机中，如果采取了恰当的应对策略，原有良好企业声誉对应对策略修复效应的影响。最终研究结论表明，当企业存在过错时，无论导致危机的原因是能力失败或者道德不良，企业采取积极的修复策略，均能提升危机后的消费者态度。这一结论与里昂和卡梅伦（Lyon & Cameron，2004）、方正等（2010）的研究结论一致。但是，企业过错属性的类型调节了原有良好企业声誉对应对策略修复效力的影响。在能力失败的危机中，原有良好企业声誉增强了修复策略的积极效果；而在道德不良的危机中，原有良好企业声誉没有给危机后的修复产生正向影响。

与第 4 章研究中的结论对比分析：在核心能力失败的危机中，在危机情景认知阶段，当企业尚未采取应对策略之前，原有良好企业声誉并没有发挥积极作用，反而通过期望不一致发挥了加剧破坏作用。但是，在企业采取恰当的应对策略后却发挥了积极作用。我们分析，在危机情景认知阶段，尚且缺乏企业应对信息，消费者注意力更集中于危机本身；而企业采取修复措施后，强化和提醒了消费者企业以往的优异表现，消费者相信良好声誉企业有能力防止危机的再次发生，主观上更愿意给良好声誉企业弥补错误的机会。

5.5　本 章 小 结

本章提出了在危机初始应对阶段，不同的产品伤害危机情景中，原有良好企业声誉对企业应对策略选择和修复效力影响的研究假设；并通过 3 个实验，对假设进行了检验。下面对所有假设在 3 类危机中的验证结果，进行汇总：

研究一：产品安全性模糊不清的产品伤害危机情景下的研究

H1：在产品安全性模糊不清的产品伤害危机中，原有企业声誉调节了危机应对策略的选择。

H1a：在产品安全性模糊不清的产品伤害危机中，良好声誉企业可以选择不存在策略和关怀策略，两种均能发挥修复作用，关怀策略为最优策略；支持

H1b：在产品安全性模糊不清的产品伤害危机中，一般声誉企业可以选择关怀策略，不存在策略发挥了负作用。支持

研究二：产品不安全但原因模糊不清的伤害危机情景下的研究

H2：在产品不安全但原因模糊不清的产品伤害危机中，原有企业声誉调节了应对策略的选择。

H2a：在产品不安全但原因模糊不清的产品伤害危机中，良好声誉企业可以选择不存在和关怀策略，均能发挥修复作用，关怀策略为最优策略；

部分支持，不存在策略未发挥修复作用，反而发挥了加剧破坏作用。

H2b：在产品不安全但原因模糊不清的产品伤害危机中，一般声誉企业可以选择关怀策略，不存在策略发挥了负作用。支持

研究三：企业过错行为清晰的产品伤害危机情景下的研究

H3：在企业过错行为清晰的危机情景中，原有良好企业声誉对恰当应对策略修复效力的调节作用存在差异。

H3a：在能力失败导致的危机中，原有良好企业声誉增强了恰当应对策略的修复作用；支持

H3b：在道德不良导致的危机中，原有良好企业声誉并没有增强恰当应对策略的修复效果。支持

结　　论

　　危机管理研究中，声誉主要被视为危机影响的结果变量。对于原有企业声誉在危机发生后，能够发挥怎样的作用，却知之甚少。本次研究关注的焦点是原有良好声誉在产品伤害危机情景中的影响。没有分析原有不良声誉的作用，主要原因是无论在模糊不清，还是责任清晰的产品伤害危机中，原有不良声誉都会发挥"强化"作用，进一步加剧危机所带来的负面影响。并且，这一结论已经得到一致性验证（Coombs & Holladay，2006；Klein & Dawar，2004）。而原有良好企业声誉的作用在已有文献中，却存在矛盾和差异。清晰认识原有良好企业声誉在产品伤害危机中发挥的作用，解释以往研究结论存在矛盾和差异的原因，是本次研究的最初期望。

　　结合危机爆发后，影响消费者态度转变的两个重要阶段：危机情景认知阶段和危机初始应对阶段。本书的研究内容主要包括两个部分，即在危机情景认知阶段，不同危机情景中，良好企业声誉的作用表现与作用机制；在危机初始应对阶段，不同危机情景中，原有良好企业声誉对危机应对策略选择和修复策略效力的影响。基于劳弗的研究，并结合现实案例汇总分析，我们将产品伤害危机情景划分为模糊不清的产品伤害危机和企业过错行为清晰的产品伤害危机；并进一步细分为产品安全性模糊不清的危机、产品不安全但原因模糊不清的危机、核心能力失败导致的危机、非核心能力失败导致的危机和道德不良导致的危机。本次研究以在校大学生为样本，采用情景实验法，通过设计不同的危机情景，运用方差分析等统计方法对提出的理论假设进行检验。

1. 主要研究结论

（1）危机情景认知阶段。为了更全面清晰地描述原有企业声誉在危机情景中的作用表现，根据以往不同学者相关的研究成果，我们将原有企业声誉发挥的作用划分为三类，即账户作用、保护作用和破坏作用。基于反说服机制、归因理论和期望不一致理论，我们提出：原有良好声誉发挥保护作用的中介变量为结论可靠性和消费者归因，其中，消费者归因划分为责任归因、意图归因和稳定性归因；原有良好声誉发挥破坏作用的中介变量为期望不一致。

通过实验研究，我们发现原有企业声誉在产品伤害危机中的影响，并不像以往研究中认为的如此简单，要么发生抵御作用，要么发挥破坏作用，而是受到危机情景因素的调节。这也是现有文献对原有企业声誉研究结论存在矛盾的原因之一。不同文献的实验研究中，所选择产品伤害危机情景属性的差异，最终导致了研究结论的差异。最终发现：

无论是在模糊不清的危机情景中，还是在企业过错行为清晰的危机情景中，危机的发生都会给企业产生负面消极的影响，危机后消费者的态度显著下降。模糊不清的危机情景中，原有良好企业声誉发挥了账户功能，原有良好声誉企业危机后的消费者态度显著高于一般声誉企业。在产品安全性模糊不清的危机中，原有良好声誉通过结论可靠性、责任归因和稳定性归因发挥了积极的保护作用；在产品不安全性但原因模糊不清的危机中，如果给出多种原因分析，弱化危机情景中归因于企业的偏向，提高归因的模糊性，则原有良好声誉通过责任归因和稳定性归因发挥了积极的保护作用；在未给出多种原因分析时，偏向于企业责任归因，原有良好声誉发挥了账户作用，并通过期望不一致和稳定性归因同时发挥了破坏和保护作用，但破坏作用大于保护作用，最终表现为破坏作用。

在企业过错行为清晰的危机情景中，原有良好企业声誉是否发挥账户作用，存在差异。在能力失败的危机中，原有良好企业声誉均发挥了账户功能；而在道德不良的危机情景中，危机的发生，破坏和动摇了消费者对企业声誉认知的信心程度，原有良好企业声誉的账户作用消失。在核心能力失败和道德不良产品伤害危机中，原有良好企业声誉没有发挥保护作用，而是通过期望不一致，发挥了更大的破坏作用；在非核心能力失败的危机中，原有良好声誉通过稳定性归因和期望不一致同时发挥了保护和破坏的作用，但是保护作用小于破坏作用，最终表现为破坏作用。

（2）危机初始应对阶段。在模糊不清的产品伤害危机中，原有企业声誉调节了危机爆发后初始应对策略的选择。在产品安全性模糊不清的危机中，当原有企业声誉良好时，不存在策略和关怀策略均能发挥积极的修复作用，并且修复效力依次为关怀策略和不存在策略。但是，在尊重事实真相的前提下，如果考虑应对成本，可以选择不存在策略。但是，当原有企业声誉一般时，仅能选择关怀策略；不存在策略，不但没有提升消费者态度，反而增加了不恰当应对策略对企业造成的二次损害。在产品不安全但原因模糊不清的危机中，无论企业声誉如何，企业只有采取关怀策略才能发挥积极的修复作用；不存在策略发挥了加剧破坏的作用。在企业过错行为清晰的危机中，企业存在过错时，无论导致危机的原因是能力失败或者道德不良，企业采取产品召回和积极的修复策略，均能提升危机后的消费者态度。但是，企业过错属性的类型调节了原有良好企业声誉对应对策略修复效力的影响。在能力失败的危机中，原有良好企业声誉增强了修复策略的积极效果；而在道德不良的危机中，原有良好企业声誉没有给危机后的修复产生正向影响。

2. 理论贡献与管理启示

（1）理论贡献。本次研究从危机情景认知阶段和危机初始应对阶段，分别分析了原有良好企业声誉的影响。研究结果更清晰的呈现了原有良好企业声誉在产品伤害危机中发挥的作用。

通过对已有文献和现实案例的深刻剖析、理论分析和实验研究，我们发现原有良好企业声誉的作用表现和作用机制，受到了危机情景因素的调节和影响。并且，我们将原有良好企业声誉作用表现划分为账户作用、保护作用和破坏作用三种。本次研究通过对危机情景的划分和选择（模糊不清的产品伤害危机和企业过错行为清晰的产品伤害危机），清晰阐释了原有良好企业声誉在不同情景中的作用表现和作用机制。该机制模型结合阿鲁瓦利亚（Ahluwalia）的"反说服心理机制"更好的解释了消费者对危机信息加工分析，并影响消费者态度转变的过程。

　　危机初始应对阶段，在模糊不清的产品伤害危机中，原有企业声誉调节了危机爆发后初始应对策略的选择。在产品安全性模糊不清的危机中，当原有企业声誉良好时，不存在策略和关怀策略均能发挥积极的修复作用，并且修复效力依次为关怀策略和不存在策略；当原有企业声誉一般时，仅能选择关怀策略。在产品不安全但原因模糊不清的危机中，无论企业声誉如何，企业只有采取关怀策略才能发挥积极的修复作用；不存在策略发挥了加剧破坏的作用。在企业过错行为清晰的危机中，企业过错属性的类型调节了原有良好企业声誉对应对策略修复效力的影响。只有在能力失败的危机中，原有良好企业声誉才增强了修复策略的积极效果。最终的结论丰富和完善了以往对于原有良好企业声誉对危机应对策略的作用认知，也为企业在面临不同的危机情景时，如何充分利用原有良好声誉资产，选择恰当的应对策略，发挥优势规避劣势，提供了参考。

　　（2）管理启示。根据上述的研究结论，结合营销和危机管理实务，本书提出以下的若干建议：

　　第一，危机爆发后，原有良好的企业声誉影响了企业初始应对策略的选择，企业应结合危机情景选择恰当的应对方式。

　　过往残酷的案例表明危机给企业造成的伤害不仅仅取决于事件本身，更多取决于企业面临危机的应对抉择。危机形成后，积极恰当的应对策略非常重要。原有良好的企业声誉影响了企业的应对方式。在尊重事实的前提下，不同危机情景和原有企业声誉影响了危机初始应对策略的选择。在产品安全性尚且模糊不清时，良好声誉企业可以采取不存在策略或者关怀策略；但是，在产品不安全但是原因属性不清的危机中，即使良好声誉企业也必须选择关怀策略，此时应对策略的选择应基于消费者对危机的认知，而不是企业认知的危机事实；只有与公众认知期望相一致，甚至超越公众认知期望的应对策略，才是恰当的应对策略。当危机情景中存在权威充分的证据表明企业存在过错时，最优应对策略为主动将产品召回和修复策略；能力失败的危机应对中，通过强调原有良好企业声誉与采取修复策略的结合，能够更有效地弱化危机的消极影响。

第二，危机爆发后，企业应注重对危机情景的评估，"合理利用"原有累积的良好声誉资产。

在模糊不清的产品伤害危机和非核心能力失败的危机中，原有良好声誉能够发挥积极作用。企业危机应对过程中，应当注重通过多种途径和方式，强调企业的良好声誉，唤起过往消费者对产品、品牌、企业的"美好记忆"，充分发挥原有良好声誉的积极作用。并且，模糊不清的情景中，消费者对危机信息的分析主要受到信息来源可靠性和信息内容质量的影响。当消费者认为信息源越真实可信，信息内容质量越高，则消费者对负面信息的接受程度越大，越容易认为企业存在过错。因此，企业要通过对信息的监督和控制，影响消费者对危机的认知和归因过程，防止危机的恶化和演变。企业还可以利用多种媒介注重对多种原因信息的传播，增加危机的模糊程度，让原有良好企业声誉发挥更强的保护作用，有效降低此类危机的负面影响。在核心能力失败的情景中，强调原有良好的企业声誉，必须和企业积极恰当的修复策略相结合，仅仅强调良好的企业声誉，通过期望不一致感知的增强加大了危机对企业的破坏；而在道德不良导致的危机中，企业也不能强调过往的良好声誉，同样也会通过加大消费者对期望不一致的感知，增强了危机的破坏力。

第三，企业危机管理能力应与良好企业声誉相匹配，良好声誉企业更应重视危机管理能力的培养。

企业内部，一种是令有形和无形资产不断增值的正向管理能力，另一种是防范危机、扑灭危机之火的反向管理能力。危机管理能力的培养，通常是"养兵千日，用兵一时"。资源投入与效益的关系，只有在危机发生后才能体现。一直以来，危机的偶发性和侥幸心理，使企业往往忽视对危机管理能力的培养。但是，现代经济生活中，产品伤害危机的多发性和破坏性，给企业敲响了警钟。企业声誉与危机管理的能力需要较高的匹配性，不然遭遇危机后，站得更高，摔得更惨。慌乱错误的危机应对，将会给企业造成巨大危害，甚至灭亡。这也恰恰体现了声誉的脆弱性。所谓"养兵千日"是指企业日常化危机管理制度的建设，结合危机管理的知识、经验和技能，建设一套从危机预控到危机应对再到恢复管理的危机管理制度，以不变应万变。

第四，企业应注重对良好声誉的培养，但要走出仅仅关注声誉建设的误区。

通过研究我们已经发现原有良好声誉在模糊性产品伤害危机中和非核心能力失败的危机情景中发挥保护作用；并且在能力失败的危机中，如果采取了恰当的应对策略，能够强化策略的修复效应。原有声誉作用研究中一直强调良好声誉在危机中对企业的积极作用，但是这种积极作用是有限的，在某些危机情景中不但不能发挥积极作用还会带来消极的影响。在现实经济生活中，已经发现消费者即使对该品牌具有良好声誉评价，但是品牌承诺度较小，此时，良好的企业声誉也无法对负面信息发挥抵御作用（Ahluwalia et al.，2000）。因此，企业在注重品牌形象和声誉传播的同时，更应当通过网络等现代化的手段加强和顾客之间的关系建设。

第五，良好声誉企业更应当注重对外部信息环境的监控，防止负面事件演变成产品危机；并且严格约束企业行为，从产品研发、原料采购、生产、销售等每一个环节，维护消费者利益，给消费者提供放心安全的产品。

企业声誉越高消费者对企业的期望也越高，当发生危机后，消费者感知的落差也越大，给企业造成更大的消极影响。与非核心能力失败的危机相比，在道德不良和核心能力失败导致的产品伤害危机，消费者态度将遭受更大的负面影响，无论对于声誉良好还是一般的企业，这种危机对企业而言都是致命的。企业不能有任何侥幸心理，以牺牲消费者利益为企业谋取利润。此类危机一旦曝光，企业原有良好声誉不但不能发挥保护作用，还会加剧消费者对企业的谴责。同时，也警示企业在新产品投放市场之初，必须进行严格试制和检测。目前，很多企业面对激烈的市场竞争，为了抢占先机，对新产品采取快速研发和快速投放市场的策略。殊不知背后潜藏了巨大危机，一旦新产品失败，如果消费者将其归为企业核心能力的失败，则给企业造成巨大和长远的破坏，原有在市场上长期累积建立的良好声誉将损失殆尽。

3. 研究局限与研究展望

本次研究调查的刺激物局限于保健型眼药水和方便面产品，而对于其他类产品，结论是否相同，需要进一步选取其他产品进行验证。样本选取了同质性高的大学生，在前面对样本选取的分析中，本书已经解释大学生样本存在的弊端，削弱了研究结论的外部效度，因此未来还需要选取其他样本对结论进行重复验证。

在实验操控中，本次研究边界是该企业没有危机历史。但是，在现实的经济生活中，危机历史的存在必然会影响消费者对归因稳定性的判断。我们思考，企业第二次犯错，或者第 N 次犯错后，原有良好企业声誉是否还会发生积极的保护作用，或者还是会发生更大的破坏作用。

本次研究采用了虚拟企业。虽然能够通过对干扰因素的控制，更好地分析企业声誉的作用机制，但是与现实危机情景存在差异。在现实危机发生后，消费者和品牌原有关系的存在，导致消费者对产品安全性分析和归因分析的过程，更具有倾向性和主观性。我们认为原有品牌关系中的关键变量、品牌承诺和忠诚度水平的差异，将导致原有良好企业声誉作用表现和作用机制存在差异。在阿鲁瓦利亚（Ahluwalia et al. , 2000）的研究中，已经发现原有品牌承诺抑制了负面信息的负效应。所以，在今后的研究中可以考虑，采取真实品牌，将品牌承诺放入模型中，分析其发挥的积极或消极作用，寻找原有品牌承诺发挥保护作用的边界，和导致破坏作用的临界条件。是否在产品不安全性和企业存在过错的情景中，还是会发挥保护作用；或者在哪些情景中发挥了更大的破坏作用。在这个领域还有很多未知而有趣的问题值得进一步探究。

在本书中的第 3 章分析，危机生命周期包括潜伏期、爆发期、持续期和恢复期。本次研究的范围限定在危机爆发期。而在持续期和恢复期危机应对策略在不断调整。未来研究可以进一步分析原有企业声誉在持续期和恢复期对危机应对策略修复效力的影响，并存在何种差异。并且，从应对策略调整保持兼容性的角度分析，良好企业声誉在持续期和恢复期对应对策略的影响结果，也会反向影响初始策略的选择。因此，未来可以从危机生命周期中应对策略动态调整的角度，整体系统的分析企业应对策略的选择。

同时，本次研究第 5 章仅限于原有良好企业声誉对恰当应对策略修复效力的影响。根据期望差异的理论，如果良好声誉的企业采取了不恰当的应对策略，企业将遭受比一般声誉企业更严重的负面影响。但是，里昂和卡梅伦（Lyon & Cameron，2004）的研究却得到了相反的结论，认为良好声誉能够降低不恰当策略的负作用。因此，原有良好企业声誉弱化还是强化了不恰当应对策略的破坏作用，也需要未来进一步研究。并且，未来也可以选择案例研究的方法，分析原有良好企业声誉对企业危机初始应对策略选择和后续危机应对策略调整的影响和修复产生的效果进行度量。

附 录

2004～2013 年产品伤害危机代表性案例汇总

年份	编号	危机名称	是否群发性危机	源发地	信息源	企业给出导致产品存在安全性问题的原因	权威机构证据	危机造成的伤害结果	应对策略
2013	1	同仁堂、云南白药等中草药农残超标	是	中国大陆	绿色和平组织	无进一步解释	不符合国家标准	隐性：对健康潜在伤害	无回应，保持缄默
2013	2	同仁堂多产品汞超标	否	中国香港	香港卫生署	无安全性问题	符合国家标准	无	强制召回，复检，否认，辩解
2013	3	广药重蒸山银花制药	否	中国大陆	中央电视台	供应商存在问题	无	隐性	暂停销售
2013	4	小肥羊等火锅店卷入羊肉掺假	是	中国大陆	公安部	加盟店违规	符合要求	隐性	关怀、核实、否认

续表

年份	编号	危机名称	是否群发性危机	源发地	信息源	企业给出导致产品存在安全性问题的原因	权威机构证据	危机造成的伤害结果	应对策略
2013	5	汇源"瞎果"果汁事件	是	中国大陆	媒体	无安全性问题	符合要求	隐性	否认
2013	6	深圳康泰乙肝疫苗致死案	否	中国大陆	国家食品药品监督管理总局	无进一步解释	造成严重不良后果	婴儿死亡	无回应
2013	7	农夫山泉水源质疑风波	否	中国大陆	京华时报	无安全性问题	符合国家标准	隐性	不存在策略（否认、诉讼、反驳、攻击指控者）
2013	8	金锣肉制品氨气污染风波	否	中国大陆	媒体	无进一步解释	无	隐性	否认、待检、销毁、停产
2013	9	屈臣氏蒸馏水菌落总数超标	否	中国大陆	广州质监局	待查	不符合国家标准	肠道不适	停售、关怀、待查
2013	10	美素丽儿掺杂过期奶	否	中国大陆	中央电视台	故意掺杂过期奶	不符合国家标准	隐性	强制召回
2013	11	人头马洋酒塑化剂超标	否	中国大陆海关	中国海关	塑料管道被酒液腐蚀	不符合国家标准	隐性	中国大陆产品符合标准
2013	12	爱尔康隐形眼镜质量门	否	英国	消费者	无回应	无	显性：摘除眼球	无回应

续表

年份	编号	危机名称	是否群发性危机	源发地	信息源	企业给出导致产品存在安全性问题的原因	权威机构证据	危机造成的伤害结果	应对策略
2013	13	仁和优卡丹被曝损害儿童肝脏	否	中国大陆	消费者	无安全问题	符合国家标准	隐性	否认
2012	14	雅培质量不合格	否	中国大陆	CER	无安全问题	符合国家标准	隐性	不存在策略、否认、攻击指控者、诉讼
2012	15	金龙鱼玉米油不合格	否	中国大陆	安徽工商局	超市保存不当	不符合国家标准	隐性	辩解
2012	16	南山奶粉含强致癌物黄曲霉素	否	中国大陆	广州工商局	奶牛饲料污染	不符合国家标准	致癌	道歉、辩解、召回、整顿
2012	17	部分光明奶因设备故障混入碱水	否	中国大陆	企业召回	生产作业疏忽和质检漏洞	无	无显性危害结果发生	企业自发召回、道歉、整顿
2012	18	新秀丽箱包含超标致癌物	否	中国香港	香港消委会	无进一步解释	不符合香港相关标准	长期接触致癌	否认、辩解、召回
2012	19	五芳斋新粽发霉致孕妇流产	否	中国大陆	消费者	流通管理疏漏	无	显性，呕吐腹泻致流产	道歉、辩解、补偿、整顿
2012	20	香奈儿5号含致敏成分	否	欧洲	欧盟某研究报告	无进一步解释	无标准可依	过敏反应	否认、辩解

续表

年份	编号	危机名称	是否群发性危机	源发地	信息源	企业给出导致产品存在安全性问题的原因	权威机构证据	危机造成的伤害结果	应对策略
2012	21	酒鬼酒被爆塑化剂严重超标	否	中国大陆	媒体、21世纪网	生产过程中有毒物迁移	国家质检总局塑化剂严重超标	长期摄入危害人体健康	先否认、再道歉、辩解、整顿
2012	22	阿玛尼凡客含基酚聚氧乙烯醚等有毒物	是	全球	环保NGO组织"绿色和平"	无进一步解释	符合国家标准	隐性	否认、展开供应链整顿承认、寻求解决方法
2012	23	麦当劳肯德基"速成鸡"事件	否	中国大陆	媒体	不存在安全问题	无标准可依	隐性	否认、辩解
2012	24	恰恰瓜子香精事件	否	中国大陆	媒体	不存在安全问题	符合国家标准	无	否认、辩解
2012	25	云南白药未标注有毒物乌头碱	否	中国港、澳地区	香港卫生署、澳门卫生局	使用不当存在安全性问题	国家药监局确认存在乌头碱，但产品经特殊工艺处理后是安全可靠的	使用不当危害健康	辩解、召回
2012	26	修正药业药用胶囊铬超标	是	中国大陆	中央网络电视	原材料监管不严	国家药监局确认铬超标	隐性	道歉、召回、销毁、重新检测
2012	27	通化金马药用胶囊铬超标	是	中国大陆	中央网络电视	原材料监管不严	国家药监局确认铬超标	隐性	召回、辩解、道歉(前后应对策略不一致)

续表

年份	编号	危机名称	是否群发性危机	源发地	信息源	企业给出导致产品存在安全性问题的原因	权威机构证据	危机造成的伤害结果	应对策略
2012	28	立顿茶高毒农药残留	是	中国大陆	国际环保绿色和平组织	土壤农药残留与对茶农药监管不力	农药残留符合我国国家产品安全标准	隐性	否认、辩解
2012	29	老酸奶添加工业明胶	是	中国大陆	媒体记者微博	虚假信息	产品证实符合国家标准	无	否认、辩解
2012	30	金仕奇补钙却导致婴儿佝偻病	否	中国大陆	消费者	无证据显示,产品与伤害结果存在直接因果关系	符合产品标示的成分	佝偻病	否认、辩解
2012	31	安信地板甲醛超标	否	中国大陆	媒体主编	车间温控和技术问题	甲醛超标	隐性	否认、辩解、积极承担责任、赔偿
2012	32	大众D&G变速器故障频发	否	中国大陆	国家质检总局	产品设计缺陷	存在缺陷	显性尚未造成重大损失	产品补救(承诺产品升级)
2012	33	宜家频繁召回遭安全质疑	否	中国大陆	企业自身	产品存在缺陷,无进一步分析	存在缺陷	显性尚未造成重大损失	召回
2012	34	可口可乐含氯	否	中国大陆	内部员工	产品安全	符合国家标准	隐性	否认、送检

续表

年份	编号	危机名称	是否群发性危机	源发地	信息源	企业给出导致产品存在安全性问题的原因	权威机构证据	危机造成的伤害结果	应对策略
2012	35	零度可乐浓缩液含违禁防腐剂	否	中国台湾	台湾卫生主管部门	两岸标准差异	符合我国标准不符合台湾标准	隐性	辩解
2011	36	东洋之花面膜含氢醌	否	中国大陆	国家食品药品监管局	不明确	重复检测产品不含氢醌	隐性	否认、辩解
2011	37	雀巢牛奶含菌超标	否	中国香港	香港食物安全中心	无进一步分析	芽孢杆菌超标	呕吐腹泻	辩解、隔离、国内未有销售、产品检测安全
2011	38	统一塑化剂危机	是	中国台湾	台湾卫生当局	原材料监管不严	含塑化剂大陆产品符合国家标准	隐性	台湾：召回大陆：送检否认、辩解
2011	39	美赞臣含致命菌	否	美国	沃尔玛下架	无直接因果关系	国内符合国家标准	显性、死亡	否认、隔离、送检
2011	40	苏泊尔炊具锰超标	否	中国大陆	哈尔滨工商部门	无责	结论不一	隐性	否认、辩解、送检
2011	41	燕之屋血燕含亚硝酸盐	是	中国大陆	浙江工商部门	天然形成	无标准	隐性	辩解

续表

年份	编号	危机名称	是否群发性危机	源发地	信息源	企业给出导致产品存在安全性问题的原因	权威机构证据	危机造成的伤害结果	应对策略
2011	42	肯德基用老油炸制食物	否	中国大陆	内部工作人员	无进一步解释	符合国家标准	隐性	否认、辩解、沉默（前后不一致）
2011	43	韩泰轮胎易发生爆胎	否	中国大陆	国家质检总局	无进一步解释	不符合国家标准	显性、事故	召回
2011	44	肯德基全家桶白剂超标	否	中国大陆	大学研究结论	无责	符合国家标准	隐性	否认、澄清
2011	45	韩国每日乳业牛奶含甲醛	否	韩国	韩国兽医科学检疫院	无责	符合韩国国家标准		否认、送检国内；隔离
2011	46	蜀中制药苹果皮造板蓝根	否	中国大陆	四川省食品药品监督管理局	生产掺杂使假	存在产品质量问题	隐性	缄默
2011	47	可口可乐美之源含高毒农药	否	中国大陆	消费者	无责	符合国家标准	死亡	否认、送检
2011	48	日本明治奶粉检出含放射物	否	日本	企业	放射污染	自检出放射物	隐性	自愿召回国内；隔离、中国产品安全

续表

年份	编号	危机名称	是否群发性危机	源发地	信息源	企业给出导致产品存在安全性问题的原因	权威机构证据	危机造成的伤害结果	应对策略
2010	49	雪碧含汞事件	否	中国大陆	消费者	无责	符合国家标准	死亡	否认、协助调查、送检
2010	50	强生药品召回	否	美国	企业	存在副作用	无法用标准衡量	药品副作用	自愿召回强生中国：缄默
2010	51	丰田汽车召回	是	全球	美国政府	供应商零部件	刹车存在缺陷	死亡	强迫召回、道歉
2010	52	通用汽车召回	是	美国	企业	设计缺陷	动力转向系统存缺陷	显性：事故	自愿召回
2010	53	强生多批次泰诺美林召回	否	美欧	企业	生产环节污染	污染	隐患	自愿召回
2010	54	真功夫快餐连锁排骨原料现粗铁丝	否	中国大陆	内部资料外泄	供应商	不符合国家标准	隐性	辩解、保证最终食品安全
2010	55	麦当劳麦乐鸡含泥胶	否	全球	香港文汇报	无害	符合国家标准	隐性	辩解、送检
2010	56	帮宝适纸尿裤导致湿疹	否	美国	消费者投诉	无责	符合国家标准	显性湿疹	否认隔离：在中国未出售
2010	57	诺华隐瞒药物不良信息	否	中国大陆	消费者	无责	符合我国和国际法规	死亡	否认、辩解

续表

年份	编号	危机名称	是否群发性危机	源发地	信息源	企业给出导致产品存在安全性问题的原因	权威机构证据	危机造成的伤害结果	应对策略
2010	58	霸王洗发水含二噁英	是	中国香港	媒体和香港公正所化验	无害	符合国家标准范围内	隐性	辩解、送检
2010	59	屈臣氏婴儿沐浴露含二噁英	是	中国香港	香港消费者委员会	无害	符合国家标准范围内	隐性	辩解、送检、国内未售
2010	60	圣元导致女婴性早熟	否	中国大陆	消费者	无直接因果关系	乳粉激素含量正常	显性	否认、送检
2010	61	雅培奶粉含异物	否	美国	企业	无进一步解释	不符合国家要求	隐性	自愿召回
2010	62	强生召回日抛隐形眼镜	是	全球	企业	生产过程失误	不符合国家要求	显性	自愿召回未涉及中国市场
2009	63	统一农夫神超标	否	中国大陆	海南工商总局	无责	符合国家标准	隐性	否认、送检
2009	64	三星冰箱自爆	否	韩国	消费者	设计缺陷	产品存在缺陷	显性	道歉、召回
2009	65	美赞臣百事进口食品不合格	是	中国大陆海关	国家质检总局	供应商不具备进口资质	不符合国家标准	隐性	隔离；未进入国内市场
2009	66	肯德基麦当劳榨油含砷	否	中国台湾	台湾台北县检测报告	无害	符合台湾和大陆标准	隐性	否认、送检

续表

年份	编号	危机名称	是否群发性危机	源发地	信息源	企业给出导致产品存在安全性问题的原因	权威机构证据	危机造成的伤害结果	应对策略
2009	67	可口可乐产品杀虫剂超标	否	欧盟	英国某大学研究报告	无害	符合欧盟和美国国标准	隐性	否认、送检
2009	68	零度可乐含甜蜜素	否	委内瑞拉	委内瑞拉政府	无害	符合当地产品标准	隐性	否认、再送检
2009	69	宠物狗吃优格狗粮吐血死亡	否	中国大陆	消费者	无进一步解释	不符合国家标准	显性：死亡	召回
2009	70	白加黑等多种感冒药有副作用	是	欧盟	英国发布药品警示	副作用	无法从标准判定	隐性	企业无应对
2009	71	杜康北京二锅头白酒不合格	否	中国大陆	中国消费者保护基金会	假冒产品	符合国家标准	隐性	否认、辩解、假冒产品
2009	72	惠氏奶粉导致婴幼儿结石	是	中国大陆	消费者	不含三聚氰胺	检测证实不含三聚氰胺	显性：结石	否认、送检、积极检查和帮助患儿治疗
2009	73	惠而浦冰箱导致火灾	否	美国	企业	无进一步解释	无法用标准衡量	显性	自愿召回

续表

年份	编号	危机名称	是否群发性危机	源发地	信息源	企业给出导致产品存在安全性问题的原因	权威机构证据	危机造成的伤害结果	应对策略
2009	74	章光101含致癌物	否	中国大陆	广州市食品药品监督管理局	假冒、同行竞争	不符合国家标准	隐性	否认
2009	75	益力多酸奶含糖过高	是	中国香港	香港检测中心	潜在风险	国家无标准	隐性	辩解称称配方使然
2009	76	多美滋奶粉添加麦芽糊精	是	中国大陆	媒体	无害	符合国家标准	隐性	辩解、称符合添加标准
2009	77	味全奶粉含高危病菌	否	中国大陆海关	国家质检总局	流通环节污染	检测含阪崎肠杆菌	隐性	销毁、未进入国内市场
2008	78	默克中国问题疫苗	否	中国大陆	企业	无进一步解释	不符合国家标准	隐性	自愿召回
2008	79	新康泰克含制毒成分	否	中国大陆	无	无害	符合国家标准	隐性	否认辩解
2008	80	三鹿三聚氰胺毒奶粉	是	中国大陆	消费者	故意添加	不符合国家法规	显性	强制召回、道歉、补偿
2008	81	苗岭洁肤霜含强效激素	否	中国大陆	消费者	故意添加	不符合国家标准	显性	承认、停产

续表

年份	编号	危机名称	是否群发性危机	源发地	信息源	企业给出导致产品存在安全性问题的原因	权威机构证据	危机造成的伤害结果	应对策略
2008	82	雀巢食品现死虫	否	中国大陆海关	国家质检总局	无死虫	不符合国家标准	隐性	否认
2008	83	品客薯片含溴酸钾	否	中国大陆海关	国家质检总局	供应商无进口资质	不符合国家标准	隐性	隔离，国内安全
2008	84	可口可乐苯甲酸超标	否	中国大陆海关	国家质检总局	供应商行为不可控	不符合国家标准	隐性	国内外标准不同
2008	85	维维大亨奶致毒	否	中国大陆	消费者	加工环节	含金黄色葡萄球菌污染	显性，腹泻	召回、停产、封存、道歉、承担责任
2007	86	诺亚方舟产品含致癌物	是	中国大陆	北京工商局	无进一步解释	不符合国家《电子信息产品污染控制管理办法》铬超标	隐性	道歉、撤柜、退货、今后产品贴污染控制标示、新生产产品送检
2007	87	三洋微波炉含致癌物	是	中国大陆	北京工商局	无进一步解释	不符合国家《电子信息产品污染控制管理办法》多种重金属超标	隐性	停售，有条件召回

续表

年份	编号	危机名称	是否群发性危机	源发地	信息源	企业给出导致产品存在安全性问题的原因	权威机构证据	危机造成的伤害结果	应对策略
2007	88	星巴克下架反式脂肪酸产品	否	美国	企业	企业添加	中国无标准	隐性	美国：自愿召回 中国：承诺逐步停用
2007	89	星巴克牛奶含致癌生长素	否	美国	企业	添加	国内尚无检测标准	隐性	隔离中国市场安全
2007	90	大白兔奶糖含甲醛	否	菲律宾	政府部门	假冒伪劣产品	不符合律宾标准	隐性	否认，送检
2007	91	眼力健全能护理液疑致角膜炎	否	美国	美国疾病预防控制中心	无进一步解释	病例显示，有治病嫌疑	显性	主动召回
2007	92	三奇堂含重金属中毒隐患	否	中国大陆	媒体介绍	中药重金属残留	无法用标准衡量	隐性	沉默
2007	93	纯正堂维C银翘片质量风波	否	中国大陆	国家食品药品监督管理局	生产违规	违反国家标准和法规	隐性	否认、召回、停产整顿前后不一致
2007	94	西安杨森止痛药可能致死	是	美国	美国食品药品管理局	药品副作用	无法用标准衡量	显性，死亡	辩解
2007	95	汪氏花粉含罂粟	否	中国大陆	消费者	无害	国家无标准	隐性	回收，产品认为安全范围

续表

年份	编号	危机名称	是否群发性危机	源发地	信息源	企业给出导致产品存在安全性问题的原因	权威机构证据	危机造成的伤害结果	应对策略
2007	96	迪奥口红铅超标	是	美国	美国安全化妆品运动组织	无害	符合我国标准，但比美国标准宽松400倍	隐性	隔离、反驳、承诺中国产品合格
2007	97	品客薯片含溴酸钾	否	中国大陆海关	国家食品药品监督管理局	无添加	不符合国家标准	隐性	否认、供应商不具备进口资质
2007	98	依云细菌超标	否	中国大陆海关	国家食品药品监督管理局	国内外标准不一	不符合国家标准	隐性	国内外标准不一
2007	99	乐事细菌超标	否	中国大陆海关	国家食品药品监督管理局	无进一步解释	不符合国家标准	隐性	隔离国内产品安全
2006	100	可口可乐芬达含黑色物质	否	日本	企业	生产线设备故障	不符合当地法规与标准	隐性	自愿召回
2006	101	肯德基产品含反式脂肪酸	是	美国	美国消费者组织	不含有反式脂肪防酸	中国无标准	隐性	否认

续表

年份	编号	危机名称	是否群发性危机	源发地	信息源	企业给出导致产品存在安全性问题的原因	权威机构证据	危机造成的伤害结果	应对策略
2006	102	麦当劳薯条检出反式脂肪酸	是	美国	美国食品药物管理局	无进一步解释	中国无标准	隐性	隔离称中国市场产品安全
2006	103	星巴克主动召回不合格咖啡壶	否	美国	企业	内部电路缺陷	中国未售	未有人员伤亡	隔离称中国未售
2006	104	眼力健全能护理液遭细菌污染	否	全球	美国食品药管局	生产线污染	不符合产品安全标准	隐性	召回
2006	105	可比克薯片铝超标	否	中国大陆	江苏产品质量检验中心	供应商	不符合国家标准	隐性	表明态度、道歉、召回、新生产品检测
2006	106	博士伦眼药水致眼疾	否	新加坡	新加坡卫生部报告	配方设计错误	容易引发眼病	显性	召回
2006	107	果香情人梅二氧化硫超标	是	中国大陆	北京食品安全办	无进一步解释	不符合国家标准	隐性	无应对
2006	108	汇源铝超标	否	中国大陆	上海食品药品监督管理局	无进一步解释	不符合国家标准	隐性	下架、新产品检测合格

续表

年份	编号	危机名称	是否群发性危机	源发地	信息源	企业给出导致产品存在安全性问题的原因	权威机构证据	危机造成的伤害结果	应对策略
2006	109	SK2化妆品查出违禁成分	否	中国大陆	国家质检总局	原材料	不符合国家标准	隐性	否认、下架、暂停销售、未及时退货（前后不一）
2006	110	亨氏婴儿营养米粉被曝含转基因	否	中国大陆	国际绿色和平组织	无转基因	符合国家标准	隐性	否认、复检安全不含转基因
2006	111	养乐多酸奶疑致命	否	英国	英国某大学研究	潜在风险	无法用标准衡量	隐性	否认
2006	112	好时巧克力遭遇污染	否	北美	企业	原材料遭沙门氏菌污染	不符合国家标准	未有伤害案例	自愿召回
2005	113	星巴克月饼细菌超标	否	中国大陆	国家质检总局	合作加工商生产条件恶劣	不符合产品标准	尚未发生显性伤害	否认、隔离商企国内市场
2005	114	部分止痛药存在心血管风险	是	美国	美国FDA	潜在风险	无法用标准衡量	隐性	中美史克：辩解、表明态度
2005	115	小果冻吞数人命	是	中国大陆	消费者	产品设计存风险	无国家标准	显性：死亡	企业无应对
2005	116	部分感冒药可能致命	是	美国	美国FDA	潜在风险	无法用标准衡量	隐性	泰诺：辩解、安全日夜百服宁无应对

续表

年份	编号	危机名称	是否群发性危机	源发地	信息源	企业给出导致产品存在安全性问题的原因	权威机构证据	危机造成的伤害结果	应对策略
2005	117	光明库存奶、早产奶风波	否	中国大陆	河南电视台暗访	管理疏漏	不符合国家规规要求	隐性	否认、辩解、道歉、前后不一
2005	118	雀巢碘含量超标	否	中国大陆	浙江工商局	原材料波动	不符合国家标准	隐性	否认、辩解、道歉、强制召回
2005	119	黑作坊产哈根达斯	否	中国大陆	深圳质量监督局	管理疏漏	生产条件恶劣	隐性	道歉、辩解、退货、送检合格
2005	120	三鹿早产奶事件	否	中国大陆	天津河西区质监局	管理疏漏	不符合国家法规	隐性	道歉、整顿
2005	121	强生止痛贴可致命	否	美国	美国FDA	潜在风险	无法用标准衡量	隐性	辩解：标准范围围用药安全
2005	122	炸薯条可致癌	是	美国	消费者起诉	潜在风险	无法用标准衡量	隐性	麦当劳：辩解；肯德基：沉默
2005	123	罗氏达菲涉嫌致命	否	日本	消费者	潜在副作用	无法用标准衡量	隐性	否认、副作用警告
2005	124	雀巢普瑞纳宠物食品致死	否	委内瑞拉	企业	原料污染	不符合国家标准	显性：死亡	自愿召回

续表

年份	编号	危机名称	是否群发性危机	源发地	信息源	企业给出导致产品存在安全性问题的原因	权威机构证据	危机造成的伤害结果	应对策略
2005	125	万络可能导致6万人死亡	否	美国	消费者诉讼	潜在风险	无法用标准衡量	显性：死亡	默沙东中国：完全回收、消费者无诉讼
2005	126	肥胖门困扰碳酸饮料	是	美国	企业	潜在风险	无法用标准衡量	隐性	可口可乐美国自愿中小学限售、中国市场无举措
2005	127	午后红茶可能危及生命	否	美国	美国FDA	潜在风险	检出可能致命的牛奶蛋白	隐性	不存在策略和辩解、送检合格
2005	128	雀巢一款婴儿牛奶疑受污染	否	意大利	意大利政府	包装有毒印刷	不符合国家标准	隐性	强制召回、纠正措施中国市场无害承诺
2005	129	部分牙膏含三氯生致癌	是	美国	研究报告	潜在风险	无法用标准衡量	隐性	高露洁：辩解、反驳某些品牌：不含三氯生
2005	130	维他奶使用过期原料	否	中国大陆	内部人员	原料过期	符合国家标准	隐性	强制召回、道歉、新产品送检合格
2005	131	双鹤药业问题药曝光	否	中国大陆	苏州市药监局	更改生产日期	不符合国家规定	隐性	关怀策略表明负责态度、召回、整改

续表

年份	编号	危机名称	是否群发性危机	源发地	信息源	企业给出导致产品存在安全性问题的原因	权威机构证据	危机造成的伤害结果	应对策略
2005	132	肯德基辣椒酱含苏丹红	是	中国大陆	国家质检总局	原材料供应商	不符合国家规定	隐性	道歉、停售、修正、再次检验合格
2005	133	三种方便面铝、苯甲酸达到临界值存在安全隐患	是	中国大陆	媒体	无进一步解释	不符合国家标准	隐性	顶新：表明查清态度；日清：辩解合格统一：辩解安全
2004	134	特富龙不粘锅受质疑	是	美国	美国环保总署	潜在风险	国家无标准含有毒物质	隐性	杜邦，苏泊尔：否认、辩解，送检合格
2004	135	巨能钙检出双氧水	否	中国大陆	媒体接举报，并检验	原材料含双氧水	不符合国家标准	隐性	道歉、停售、安全，前后检查结果不一
2004	136	金龙鱼福临门问题色拉油	否	中国大陆	国家卫生部	无进一步解释	不符合国家标准	隐性	召回，复检合格两次检测结果一
2004	137	雀巢巧伴含转基因产品	否	中国大陆	消费者诉讼	使用转基因原材料	未无分标注	隐性	辩解
2004	138	可口可乐含精神药物	否	中国大陆	消费者诉讼	成分不安全	成分不安全	隐性	否认、辩解

参 考 文 献

[1] 崔金欢，符国群. 产品危害事件对品牌资产的影响 [J]. 南开管理评论，2002，(5)：17-22.

[2] 方正，江明华，杨洋，李蔚. 产品伤害危机应对策略对品牌资产的影响研究——企业声誉与危机类型的调节作用 [J]. 管理世界，2010，(12)：105-118+142.

[3] 方正，杨洋，江明华，李蔚，李珊. 可辩解型产品伤害危机应对策略对品牌资产的影响研究：调节变量和中介变量的作用 [J]. 南开管理评论，2011，(4)：69-79.

[4] 方正，杨洋. 产品伤害危机及其应对研究前沿探析 [J]. 外国经济与管理，2009，31 (12)：39-44.

[5] 方正. 产品伤害危机应对方式对顾客感知危险的影响——基于中国消费者的实证研究 [J]. 经济体制改革，2007a，(3)：174-176.

[6] 方正. 产品伤害危机的概念、分类与应对方式研究 [J]. 生产力研究，2007b，(4)：63-65.

[7] 郭炜. 直接故意与间接故意的界定分析 [J]. 法制与经济 (下旬)，2013，(5)：136+138.

[8] 胡百精. 危机传播管理 [M]. 北京：中国人民大学出版社，2009.

[9] 井淼，周颖，王方华. 产品伤害危机对品牌资产影响的实证研究 [J]. 工业工程与管理，2009，14 (6)：109-113.

[10] 凯勒（Keller K L），乃和译．战略品牌管理 [M]．北京：中国人民大学出版社，2003.

[11] 李雁晨．顾客信任在顾客归因中的作用研究 [D]．西南交通大学，2010.

[12] 练叔凡．产品危机下消费者品牌忠诚度对责任归因的影响研究 [D]．上海交通大学，2008.

[13] 刘永芳．归因理论及其应用 [M]．济南：山东人民出版社，1998.

[14] 马庆国，管理统计 [M]．北京：科学出版社，2002.

[15] 桑辉，井淼．产品伤害危机中的消费者感知危害及其影响 [J]．工业工程与管理，2012，(6)：66 – 71 + 82.

[16] 汪峰，魏玖长，赵定涛．综合危机应对模式构建与组织声誉修复——基于两个案例的研究 [J]．公共管理学报，2013，(3)：63 – 74 + 140.

[17] 王丽丽，吕巍，练叔凡．基于品牌忠诚度的产品危机中责任归因影响研究 [J]．工业工程与管理，2009，14 (5)：108 – 115.

[18] 王晓玉，晁钢令，吴纪元．产品伤害危机响应方式与消费者考虑集变动——跨产品类别的比较 [J]．中国工业经济，2008 (7)：36 – 46.

[19] 王晓玉，晁钢令，吴纪元．产品伤害危机及其处理过程对消费者考虑集的影响 [J]．管理世界，2006，(5)：86 – 95.

[20] 王晓玉，晁钢令．企业营销负面曝光事件研究述评 [J]．外国经济与管理，2009，31 (2)：33 – 39.

[21] 王晓玉．产品危机中品牌资产的作用研究 [J]．当代经济管理，2011，33 (1)：34 – 40.

[22] 王新宇，余明阳．企业危机处理、企业声誉与消费者购买倾向关系的实证研究 [J]．经济与管理研究，2011，(7)：101 – 110.

［23］王志良. 消费者认知视角下的危机处理研究［M］. 上海：上海交通大学出版社，2010.

［24］吴峰. 顾客忠诚在产品伤害及补救条件下对认知价值的影响［J］. 统计与决策，2008，(7)：81 - 83.

［25］吴旭明. 消费者个体差异对品牌资产的影响研究——基于可辩解型产品伤害危机［J］. 中国流通经济，2008，(10)：55 - 58.

［26］吴娅雄，贾志永. 企业声誉在产品伤害危机中的效用分析与管理启示［J］. 河北学刊，2014 (2)：115 - 119.

［27］吴娅雄，贾志永. 信任修复理论前沿探析［J］. 科技管理研究，2012，32 (05).

［28］吴娅雄. 从认知角度探析信任修复方式的作用机理［J］. 商业时代，2010，33.

［29］薛可，熊文霞，余明阳. 复杂网络环境下的品牌危机处理策略［J］. 深圳大学学报（人文社会科学版），2008，(5)：90 - 95.

［30］杨君茹，朱雅兰，王明康. 产品伤害危机后影响消费者购买意愿因素研究——不同危机情境下各因素相对重要性分析［J］. 中南财经政法大学学报，2012，(5)：88 - 94 + 143 - 144.

［31］余明阳，刘春章. 品牌危机管理［M］. 武汉：武汉大学出版，2008.

［32］曾旺明，李蔚. 产品伤害事件的感知损失程度对消费者品牌忠诚度的影响研究［J］. 统计与决策，2008，(20)：104 - 106.

［33］张四龙，周祖城. 论企业声誉管理的必要性［J］. 技术经济，2002，(2) 24 - 26.

［34］张正林，庄贵军. 基于时间继起的消费者信任修复研究［J］. 管理科学，2010，23 (2)：52 - 59.

［35］Aaker D A. Managing Brand Equity［M］. New York：Macmillan，1991.

[36] Ahluwalia R, Burnkrant R E, Unnava H R. Consumer Response to Negative Publicity: the Moderating role of commitment [J]. Journal of Marketing Research, 2000, 37 (5): 203 – 214.

[37] Ahluwalia R. Examination of Psychological Processes Underlying Resistance to Persuasion [J]. Journal of Consumer Research, 2000, 27 (2): 217 – 232.

[38] Ahluwalia R. How Prevalent Is the Negativity Effect in Consumer Environments? [J]. Journal of Consumer Research, 2002, 29 (2): 270 – 279.

[39] Allen M W, Caillouet R H. Legitimation endeavors: Impression management strategies used by an organization in crisis [J]. Communications Monographs, 1994, 61 (1): 44 – 62.

[40] Anderson R. Consumer Dissatisfaction: the Effect of Disconfirmed Expectancy on Perceived Product Performance [J]. Journal of Marketing Research, 1973, 10 (1): 38 – 44.

[41] Baron R M, Kenny D A. The moderator-mediator variable distinction in social psychological research: Conceptual, strategic, and statistical considerations [J]. Journal of personality and social psychology, 1986, 51 (6): 1173 – 1182.

[42] Bennett R, Kottasz R. Practitioner perceptions of corporate reputation: An empirical investigation [J]. Corporate Communications: An International Journal, 2000, 5 (4): 224 – 235.

[43] Bennett R, Gabriel H. Knowledge management and process performance [J]. Journal of Knowledge Management, 1999, 3 (2): 143 – 157.

[44] Benoit W L, Brinson S L. Queen Elizabeth's image repair discourse: insensitive royal or compassionate queen? [J]. Public Relations Review, 1999, 25 (2): 145 – 156.

[45] Benoit W L. Accounts, excuses, and apologies: A theory of image

restoration strategies [M]. Albany: State University of New York Press, 1995.

[46] Benoit W L. Image repair discourse and crisis communication [J]. Public relations review, 1997, 23 (2): 177 – 186.

[47] Bernstein D. Corporate Image and Reality: A Critique of Corporate Communications [J]. Holt, Rhinehart and Winston, Eastbourne, 1984.

[48] Bhat B, Bowonder B. Innovation as an Enhancer of Brand Personality: Globalization Experience of Titan Industries, Creativity and Innovation Management [J]. 2002, 10 (1): 26 – 39.

[49] Bottom W P, Gibson K, Daniels S E, et al. When talk is not cheap: Substantive penance and expressions of intent in rebuilding cooperation [J]. Organization Science, 2002, 13 (5): 497 – 513.

[50] Bradford J L, Garrett D E. The effectiveness of corporate communicative responses to accusations of unethical behavior [J]. Journal of Business ethics, 1995, 14 (11): 875 – 892.

[51] Brady A. How to generate sustainable brand value from responsibility [J]. The Journal of Brand Management, 2003, 10 (4): 279 – 289.

[52] Brown B, Perry S. Removing the financial performance halo from Fortune's "Most Admired" companies [J]. Academy of Management Journal, 1994, 37 (5): 1347 – 1359.

[53] Cable D M, Graham M E. The determinants of job seekers reputation perceptions [J]. Journal of Organizational Behavior, 2000, 21 (8): 929 – 947.

[54] Caponigro J R. The crisis counselor: A step-by-step guide to managing a business crisis [M]. Chicago: Contemporary Books, 2000.

[55] Carroll C. Defying a Reputational Crisis – Cadbury's Salmonella Scare: Why are Customers willing to forgive and forget? [J]. Corporate Reputation Review, 2009, 12 (1): 64 – 82.

［56］Carter S M, Deep house D L. 'Tough talk' and 'soothing speech':
Managing reputations for being tough and for being good ［J］. Corporate Reputa-
tion Review ［J］. 1999, 2 (4): 308 - 332.

［57］Clary E G, Tesser A. Reactions to unexpected events: The native
scientist interpretive activity ［J］. Personality and Social Psychology Bulletin,
1983, 9 (4): 609 - 620.

［58］Cleeren K, Dekimpe M G, Helsen K. Weathering Product-harm
Crises ［J］. Journal of the Academy of Marketing Science, 2008, 36 (2):
262 - 270.

［59］Coombs W T, Holladay S J. An exploration of the effects of victim
visuals on perceptions and reactions to crisis events ［J］. Public Relations Re-
view, 2011, 37 (2): 115 - 120.

［60］Coombs W T, Holladay S J. An extended examination of the crisis
situations: A fusion of the relational management and symbolic approaches ［J］.
Journal of Public Relations Research, 2001, 13 (4): 321 - 340.

［61］Coombs W T, Holladay S J. Communication and attributions in a cri-
sis: An experimental study in crisis communication ［J］. Journal of Public Rela-
tions Research, 1996, 13 (4): 321 - 340.

［62］Coombs W T, Holladay S J. Unpacking the halo effect: reputation
and crisis management ［J］. Journal of Communication Management, 2006, 10
(2): 123 - 137.

［63］Coombs W T, Schmidt L. An empirical analysis of image restoration:
Texaco's racism crisis ［J］. Journal of Public Relations Research, 2000, 12
(2): 163 - 178.

［64］Coombs W T. An analytic framework for crisis situations: Better re-
sponse from a better understanding of the situation ［J］. Journal of Public Rela-
tion Research, 1998, 10 (2): 177 - 191.

[65] Coombs W T. Crisis communication [J]. Encyclopedia of public re-lations, 2005, 1: 221 – 223.

[66] Coombs W T. Impact of past crises on current crisis communication insights from Situational Crisis Communication Theory [J]. Journal of Business Communication, 2004, 41 (3): 265 – 289.

[67] Coombs W T. Information and compassion in crisis response: A test of their effects [J]. Journal of Public Relations Research, 1999, 11 (2): 125 – 142.

[68] Coombs W T. Protecting Organization Reputations during a Crisis: The Development and Application of Situational Crisis Communication Theory [J]. Corporate Reputations Review, 2007, 10 (3): 163 – 176.

[69] Coombs W T. The development guidelines for the selection of the 'appropriate' crisis response strategies [J]. Management Communication Quarterly, 1995, 8 (4): 447 – 476.

[70] Davies G, Chun R, da – Silva R V. The person metaphor as a measurement approach for corporate reputation [J]. Corporate Reputation Review, 2001, 4 (2): 113 – 127.

[71] Davies G, Chun R, da – Silva R V, Roper S. A Corporate Character Scale to Assess Employee and Customer Views of Organization Reputation [J]. Corporate Reputation Review, 2004, 7 (2): 125 – 146.

[72] Dawar N, Lei J. Brand crises: The roles of brand familiarity and crisis relevance in determining the impact on brand evaluations [J]. Journal of Business Research, 2009, 62 (4): 509 – 516.

[73] Dawar N, Pillutla M M. Impact of Product – Harm Crises on Brand Equity: The Moderating Role of Consumer Expectations [J]. Journal of Marketing Research, 2000, 27 (2): 215 – 226.

[74] De Matos C A, Rossi C A V. Consumer reaction to product recalls:

factors influencing product judgement and behavioural intentions [J]. International Journal of Consumer Studies, 2007, 31 (1): 109 – 116.

[75] Dean D H. Consumer reaction to negative publicity effects of corporate reputation, response, and responsibility for a crisis event [J]. Journal of Business Communication, 2004, 41 (2): 192 – 211.

[76] Deep house D L. Media reputation as a strategic resource: integration of mass communication and resource-based theories [J]. Journal of Management, 2000, 26 (6): 1091 – 1112.

[77] Devine I, Halpern P. Implicit claims: The role of corporate reputation in value creation [J]. Corporate Reputation Review. 2001, 4 (1): 42 – 51.

[78] Doney P M, Cannon J P. An examination of the nature of trust in buyer-seller relationships [J]. Journal of Marketing, 1997, 61 (4): 35 – 51.

[79] Dowling G. Corporate Reputations: Strategies for Developing the Corporate Brand [M]. London: Kogan Page, 1994.

[80] Dukerich J M, Carter S M. Distorted images and reputation repair [C]. In M. Schultz, M. J. Hatch and M. H. Larsen (eds.), the Expressive Organization: Linking Identity, Reputation, and the Corporate Brand, Oxford: Oxford University Press, 2000.

[81] Dutton J E, Dukerich J M, Harquail C V. Organizational images and member identification [J]. Administrative Science Quarterly, 1994, 39 (2): 239 – 264.

[82] Eagly A H, Chaiken S. Attitude strength, attitude structure and resistance to change [C]. In Petty R E, Krosnick J A (Eds.), Attitude strength: Antecedents and consequences. Ohio State University series on attitudes and persuasion Hills dag, NJ, US: Lawrence Erlbaum Associates, Inc.,

1995, 4.

[83] Einwiller S A, Fedorikhin A, Johnson A R, Kamins M A. Enough Is Enough! When Identification No Longer Prevents Negative Corporate Associations [J]. Journal of the Academy of Marketing Science, 2006, 34 (2): 185 – 194.

[84] Fearnley R H. Sexual Selection, Dispersal and Reproductive Behaviour in Hermaphrodite Land Snails with Particular Reference to Helix Aspersa Müller (Pulmonata: Gastropoda) [D]. University of Manchester, 1993.

[85] Ferrin D L, Kim P H, Cooper C D, et al. Silence speaks volumes: the effectiveness of reticence in comparison to apology and denial for responding to integrity-and competence-based trust violations [J]. Journal of Applied Psychology, 2007, 92 (4): 893 – 908.

[86] Fincham F D, Bradbury T N. Assessing attributions in marriage: the relationship attribution measure [J]. Journal of Personality and Social Psychology, 1992, 62 (3): 457 – 468.

[87] Fishbein M. An investigation of the relationships between beliefs about an object and the attitude toward that object [J]. Human Relations, 1963, 16 (3): 233 – 240.

[88] Folkes V S. Consumer Reactions to Product Failure: An Attribution Approach [J]. Journal of Consumer Research, 1984, 10 (3): 398 – 409.

[89] Folkes V S. Recent Attribution Research in Consumer Behavior: A Review and New Directions [J]. Journal of Consumer Research, 1988, 14 (4): 548 – 565.

[90] Fombrun C J, Gardberg N A, Sever J M. The Reputation Quotient: A multi-stakeholder measure of corporate reputation [J]. Journal of Brand Management, 2000, 7 (4): 241 – 255.

[91] Fombrun C J, Rindova V P. Fanning the flame: Corporate reputations as social constructions of performance [C]. in J. Porac and M. Ventresca

(eds.), Constructing Markets and Industries, New York: Oxford University Press, 2001.

[92] Fombrun C J, Rindova V P. The road to transparency: Reputation management at royal Dutch/Shell [C]. in M. Schultz, M. J. Hatch and M. H. Larsen (eds.), The Expressive Organization: Linking Identity, Reputation, and the Corporate Brand, Oxford: Oxford University Press, 2000.

[93] Fombrun C J, Shanley M. What's in a Name? Reputation Building and Corporate Strategy [J]. Academy of Management Journal, 1990, 33 (2): 233 – 258.

[94] Fombrun C J, van Riel C B M. Fame & Fortune: How Successful Companies Build Winning Reputations [M]. New York: Prentice – Hall Financial Times, NY, 2003.

[95] Fombrun C J, van Riel C B M. Fame and Fortune: How Successful Companies Build Winning Reputation [M]. New Jersey: Pearson Education, 2004.

[96] Fombrun C J, van Riel C B M. The reputational landscape [J]. Corporate Reputation Review, 1997, 1 (1): 5 – 13.

[97] Fombrun C J, van Riel C. The Reputational Landscape [J]. Corporate Reputation Review, 1998, 1 (1): 1 – 16.

[98] Fombrun C J. Corporate reputation as economic assets [C]. in M. A. Hitt, R. E. Freeman and J. S. Harrison (eds.), The Blackwell Handbook of Strategic Management, Blackwell Publishers, Malden, 2001.

[99] Fombrun C J. Indices of corporate reputation: An analysis of media rankings and social monitors ratings [J]. Corporate Reputation Review, 1998, 1 (4): 327 – 340.

[100] Fombrun C J. Reputation: Realizing Value forms the Corporate Image [M]. Harvard Business School Press, Boston, MA, 1996.

[101] Gioia D A, Schultz M, Corley K G. Organizational identity, image, and adaptive instability [J]. The Academy of management Review, 2000, 25 (1): 63 – 82.

[102] Gotsi M, Wilson A M. Corporate reputation: Seeking a Corporate Communications [J]. An International Journal, 2001, 6 (1): 24 – 30.

[103] Gray E R, Balmer J M. Managing corporate image and corporate reputation [J]. Long Range Planning, 1998, 31 (5): 695 – 702.

[104] Haas – Kotzegger U. , Schlegelmilch B B. Conceptualizing consumers' experiences of product-harm crises [J]. Journal of Consumer Marketing, 2013, 30 (2): 112 – 120.

[105] Hainsworth B, Meng M. How corporations define issue management [J]. Public Relations Review, 1988, 14 (4): 18 – 30.

[106] Hair J F, Tatham R L, Anderson R E, et al. Multivariate data analysis [M]. Upper Saddle River, NJ: Pearson Prentice Hall, 2006.

[107] Hall R. The strategic analysis of intangible resources [J]. Strategic Management Journal, 1992, 13 (2).

[108] Hall R. A framework linking intangible resources and capabilities to sustainable competitive advantage [J]. Strategic Management Journal, 1993, 14 (8).

[109] Hamilton V L. Chains of Command: Responsibility Attribution in Hierarchies1 [J]. Journal of Applied Social Psychology, 1986, 16 (2): 118 – 138.

[110] Hanson D, Stuart H. Failing the reputation management test: The case of BHP, the big Australian [J]. Corporate Reputation Review, 2001, 4 (2): 128 – 143.

[111] Hastie R. Causes and effects of causal attribution [J]. Journal of Personality and Social Psychology, 1984, 46 (1): 44 – 56.

[112] Haugtvedt C P, Petty R E. Personality and persuasion: need for cognition moderates the persistence and resistance of attitude changes [J]. Journal of. Social. Psychology, 1992, 63 (2): 308 – 319.

[113] Hearit K M. Apologies and public relations crises at Chrysler, Toshiba, and Volvo [J]. Public Relations Review, 1994, 20 (2): 113 – 125.

[114] Herbig P, Milewicz J. The relationship of reputation and credibility to brand success, Journal of Consumer Marketing [J]. 1993, 10 (3): 18 – 24.

[115] Herbig P, Milewicz J. To be or not to be credible that is: A model of reputation and credibility among competing firms [J]. Marketing Intelligence and Planning, 1995, 13 (6): 24 – 33.

[116] Herr P M, Kardes F R, Kim J. Effects of word – of – Mouth and product – Attribute information on persuasion: An Accessibility – Diagnostic Perspective [J]. Journal of Consumer Research, 1991, 17 (4): 454 – 462.

[117] Hovland C I, Janis I L, Kelly H H. Communication and Persuasion [M]. New Haven, CT: Yale University Press, 1953.

[118] Jiang H, Wang H, Zhang S, et al. The effect of self-construal on consumers' attribution to product-harm crises: The moderating role of commitment [J]. Marketing Theory and Applications, 2012: 281 – 290.

[119] Jorgensen B K. Components of Consumer Reaction to Company-related Mishaps: A Structural Equation Model Approach [J]. Advances in Consumer Research, 1996, 23 (1): 346 – 351.

[120] Jorgensen B K. Consumer Reaction to Company-related Disasters: the Effect of Multiple versus Single Explanations [J]. Advances in Consumer Research, 1994, 21 (1): 348 – 352.

[121] Justin G R, Slivera D H, Laufer D, et al. Uh – Oh, This might

hurt our bottom line: Consumer and company reactions to product harm crises [J]. Advances in Consumer Research, 2011, 39 (3): 831 – 832

[122] Keller K L. Brand synthesis: The multidimensionality of brand knowledge [J]. Journal of consumer research, 2003, 29 (4): 595 – 600.

[123] Keller K L. Conceptualizing, Measuring, and Managing Customer-based Brand Equity [J]. Journal of Marketing, 1993, 57 (1): 1 – 29.

[124] Kelley H. The processes of Causal Attribution [J]. American Psychologist, 1973, 28 (2): 107 – 128.

[125] Kim P H, Dirks K T, Cooper C D, et al. When more blame is better than less: The implications of internal vs. external attributions for the repair of trust after a competence-vs. integrity-based trust violation [J]. Organizational Behavior and Human Decision Processes, 2006, 99 (1): 49 – 65.

[126] Kim P H, Ferrin D L, Cooper C D, et al. Removing the shadow of suspicion: the effects of apology versus denial for repairing competence-versus integrity-based trust violations [J]. Journal of applied psychology, 2004, 89 (1): 104 – 118.

[127] Klein B, Leffler K B. The role of market forces in assuring contractual performance [J]. The Journal of Political Economy, 1981, 89 (4): 615 – 641.

[128] Klein J, Dawar N. Corporate Social Responsibility and Consumers' Attributions and Brand Evaluations in a Product-harm Crisis [J]. International Journal of Research in Marketing, 2004, 21 (3): 203 – 217.

[129] Laczniak R N, De Carlo T E, Ramaswami S N. Consumers' Response to Negative Word-of-mouth Communication: An Attribution Theory Perspective [J]. Journal of Consumer Psychology, 2001, 11 (1): 57 – 73.

[130] Lafferty B A, Goldsmith R E. Corporate credibility's role in consumers' attitudes and purchase intentions when a high versus a low credibility

endorser is used in the ad [J]. Journal of Business Research, 1999, 44 (2): 109 – 116.

[131] Laufer D, Coombs T. How Should a Company Respond to a Product Harm Crisis? The Role of Corporate Reputation and Consumer-based Cues [J]. Business Horizons, 2006, 49 (5): 379 – 385.

[132] Laufer D, David S, Mayer T. Exploring Differences between Older and Younger Consumers in Attributions of Blame for Product Harm Crisis [J]. Academy of Marketing Science Review, 2005, 7 (1): 1 – 13.

[133] Laufer D, Gillespie Kate, Silvera D H. The Role of Country of Manufacture in Consumers' Attributions of Blame in an Ambiguous Product-harm Crisis [J]. Journal of International Consumer Marketing, 2009, 21 (3): 89 – 101.

[134] Laufer D, Jung J M. Incorporating regulatory focus theory in product recall communications to increase compliance with a product recall [J]. Public Relations Review, 2010, 36 (3): 147 – 151.

[135] Laufer D, Kate G. Who's to Blame? Differences in Consumer Attributions of Blame between Men and Women: the Role of Perceived Vulnerability and Empathic Concern [J]. Psychology and Marketing, 2004, 21 (2): 209 – 222.

[136] Laufer D. Product Crisis and Consumers Assessment of Blame: Is there an Impact of Country of Origin? [D]. University of Texas, Austin, 2002.

[137] Lee M, Lou Y C. Consumer Reliance on Intrinsic and Extrinsic Cues in Product Evaluations: A Conjoint Approach [J]. Journal of Applied Business Research, 1996, 12 (1): 21 – 29.

[138] Lei J, Dawar N, Gürhan – Canli Z. Base – rate information in consumer attributions of product-harm crises [J]. Journal of Marketing Research, 2012, 49 (3): 336 – 348.

[139] Lewicki, R J and Bunker, B B. Developing and maintaining trust in work relationships [A]. In R. M. Kramer and T. R. Tyler (Eds.), Trust in Organizations: Frontiers of Theory and Research. Thousand Oaks, CA: Sage. 1996.

[140] Lewis S. Measuring corporate reputation [J]. Corporate Communications: An International Journal, 2001, 6 (1): 31 – 35.

[141] Lount, R B., Zhong, Ch B, Sivanathan, N and Murnighan J K. Getting Off on the Wrong Foot: The Timing of a Breach and the Restoration of Trust [J]. The Society for Personality and Social Psychology, 2008, 34 (12): 1601 – 1612.

[142] Lynch J G, Marmorstein H, Weigold M F. Choices from Sets Including Remembered Brands: Use of Recalled Attributes and Prior Overall Evaluations [J]. Journal of Consumer Research, 1988, 15 (9): 169 – 184.

[143] Lyon L, Cameron G T. A Relational Approach Examining the Interplay of Prior Reputation and Immediate Response to a Crisis [J]. Journal of Public Relations Research, 2004, 16 (3): 213 – 241.

[144] Maccallum R C, Browne M W, Sugawara H M. Power analysis and determination of sample size for covariance structure modeling [J]. Psychological Methods, 1996, 1 (2): 130 – 149.

[145] Magno F. Managing Product Recalls: The Effects of Time, Responsible vs. Opportunistic Recall Management and Blame on Consumers' Attitudes [J]. Procedia – Social and Behavioral Sciences, 2012, 58 (1): 1309 – 1315.

[146] Meyers G C, Holusha J. When it hits the fan: Managing the nine crises of business [M]. Boston: Houghton Mifflin Company, 1986.

[147] Milewicz J, Herbig P. A Quantitative Analysis of the Relative Efficiency Between Overt and Covert Market Signals [J]. Journal of Promotion Man-

agement, 1997 (2): 221 - 234.

［148］ Mowen J C. Further information on consumers' perceptions of product recalls ［J］. Advances in Consumer Research, 1980, 7 (1): 519 - 523.

［149］ Nakayachi, K, Watabe, M. Restoring trustworthiness after adverse events: The signaling effects of voluntary "Hostage Posting" on trust ［J］. Organizational Behavior and Human Decision Processes 2005, 97 (1): 1 - 17.

［150］ Nunnally J C. Psychometric theory ［M］. New York: McGraw - Hill, 1978.

［151］ O'Donnell E, Schultz Jr J J. The halo effect in business risk audits: Can strategic risk assessment bias auditor judgment about accounting details? ［J］. The Accounting Review, 2005, 80 (3): 921 - 939.

［152］ Oliver R L, Swan J E. Equity and Disconfirmation Perceptions as Influences on Merchant and Product Satisfaction ［J］. Journal of Consumer Research, 1989, 16 (3): 372 - 383.

［153］ Oliver R L. A cognitive model of the antecedents and consequences of satisfaction decisions ［J］. Journal of marketing research, 1980, 17 (4): 460 - 469.

［154］ Peterson C, Villanova P. An Expanded Attributional Style Questionnaire ［J］. Journal of Abnormal Psychology, 1988, 97 (1): 87 - 89.

［155］ Peterson C. On shortening the expanded attributional style questionnaire ［J］. Journal of personality assessment, 1991, 56 (1): 179 - 183.

［156］ Petty R E, Krosnick J A. Attitude Strength: Antecedents and Consequences ［M］. Mahwah, NJ: Lawrence Erlbaum Associates, 1995.

［157］ Petty R E. Attitude change. In Advanced Social Psychology ［M］. New York: McGraw - Hill, 1995.

［158］ Post J E, Griffin J. Corporate reputation and external affairs management ［J］. Corporate Reputation Review, 1997, 1 (1): 165 - 171.

[159] Priester J R. The ASC model: the influence of attitudes and attitude strength on consideration and choice [J]. Journal of Consumer Research, 2004, 30 (4): 574 – 597.

[160] Pullig C, Netemeyer R G, Biswas A. Attitude Basis, Certainty, and Challenge Alignment: A Case of Negative Brand Publicity [J]. Academy of Marketing Science Journal, 2006, 34 (4): 528 – 542.

[161] Reeder G D, Kumar S, Hesson – McInnis M S, Trafimow D. Inferences about the morality of an aggressor: The role of perceived motive [J]. Journal of Personality and Social Psychology, 2002, 83 (4): 789 – 803.

[162] Rhee M, Haunschild P R. The Liability of Good Reputation: A Study of Product Recalls in the US Automobile Industry [J]. Organization Science, 2006, 17 (1): 101 – 117.

[163] Rhee M. Does Reputation Contribute to Reducing Organizational Errors? A Learning Approach. [J]. Journal of Management Studies, 2009, 46 (4): 676 – 703.

[164] Roberts P W, Dowling G R. Corporate reputation and sustained superior financial performance [J]. Strategic Management Journal, 2002, 23 (12): 1141 – 1158.

[165] Schwaiger M. Components and Parameters of Corporate Reputation – An Empirical Study [J]. Schmalenbach Business Review, 2004, 56 (1): 46 – 71.

[166] Schweitzer M E, Hershey J C, Bradlow E T. Promises and lies: Restoring violated trust [J]. Organizational behavior and human decision processes, 2006, 101 (1): 1 – 19.

[167] Schweizer T S, Wijnberg N M. Transferring reputation to the corporation in different cultures: Individuals, collectives, systems and the strategic management of corporate reputation [J]. Corporate Reputation Review, 1999,

2 (3): 249 –266.

[168] Seeger M W, Sellnow T L, Ulmer R R. Communication and organizational crisis [M]. Greenwood Publishing Group, 2003.

[169] Selnes F. An Examination of the Effect of Product Performance on Brand Reputation, Satisfaction and Loyalty [J]. European Journal of Marketing, 1993, 27 (9): 19 –35.

[170] Shapiro C. Premiums for High Quality Products as Returns to Reputations [J]. The Quarterly Journal of Economics. 1983, 98 (4): 659 –680.

[171] Shultz T R, Wells D. Judging the intentionality of action-outcomes [J]. Developmental Psychology, 1985, 21 (1): 83 –89.

[172] Shultz T R. Rules of causal attribution [J]. Monographs of the society for research in child development, 1982, 47 (1): 1 –51.

[173] Silvera D H. Age-related reactions to a product harm crisis [J]. Journal of Consumer Marketing, 2012, 29 (4): 302 –309.

[174] Siomkos G J, Kurzbard G. The Hidden Crisis in Product-harm Crisis Management [J]. European Journal of Marketing, 1994, 28 (2): 30 –41.

[175] Siomkos G J, Malliaris P G. Consumer Response to Company Communications during a Product-harm Crisis [J]. Journal of Applied Business research, 1992, 9 (3): 59 –66

[176] Siomkos G J. On achieving exoneration after a product safety industrial crisis [J]. Journal of Business & Industrial Marketing, 1999, 14 (1): 17 –29.

[177] Skowronski J J, Carlston D E. Negativity and Extremity Biases in Impression Formation: A Review of Explanations [J]. Psychological Bulletin, 1989, 105 (1): 131 –142.

[178] Skowronski J J, Carlston D E. Social Judgment and Social Memory: The Role of Cue Diagnostic in Negativity, Positivity, and Extremity Biases [J].

Journal of Personality and Social Psychology, 1987, 52 (4): 689 – 699.

[179] Smith E R, Miller F D. Mediation among attributional inferences and comprehension processes: Initial findings and a general method [J]. Journal of Personality and Social Psychology, 1983, 44 (3): 492 – 505.

[180] Tomlinson E C, Mayer R C. The role of causal attribution dimensions in trust repair [J]. Academy of Management Review, 2009, 34 (1): 85 – 104.

[181] Tomlinson E C. Cheap talk, valuable results? A causal attribution model of the impact of promises and apologies on short-term trust recovery [D]. US, The Ohio State University, 2004.

[182] Tsiros M, Mittal V, Ross Jr W T. The role of attributions in customer satisfaction: a reexamination [J]. Journal of consumer research, 2004, 31 (2): 476 – 483.

[183] Vassilikopoulou A, Chatzipanagiotou K, Siomkos G, et al. The role of consumer ethical beliefs in product-harm crises [J]. Journal of Consumer Behaviour, 2011, 10 (5): 279 – 289.

[184] Vassilikopoulou A, Lepetsos A, et al. The importance of factors influencing product-harm crisis management across different crisis extent levels: A conjoint analysis [J]. Journal of Targeting, Measurement & Analysis for Marketing, 2009, 17 (1): 65 – 74.

[185] Votolato N L, Unnava H R. Spillover of negative information on brand alliances [J]. Journal of Consumer Psychology, 2006, 16 (2): 196 – 202.

[186] Waddock S. The multiple bottom lines of corporate citizenship: Social investing, reputation, and responsibility audits [J]. Business and Society Review, 2000, 105 (3): 323 – 345.

[187] Walsh F, Wiedmann K P. A Conceptualization of Corporate Reputa-

tion in Germany: An Evaluation and Extension of the RQ [J]. Corporate Reputation Review, 2004, 6 (4): 304 - 312.

[188] Weigelt K, Camerer C. Reputation and corporate strategy: A review of recent theory and appli-cations [J]. Strategic Management Journal, 1988, 9 (5): 443 - 454.

[189] Weiner B. An Attribution Theory of Motivation and Emotion [M]. New York: Springer - Verlag, 1986.

[190] Weiner B. Attributional thoughts about consumer behavior [J]. Journal of Consumer Research, 2000, 27 (3): 382 - 387.

[191] White P A. Causal powers, causal questions, and the place of regularity information in causal attribution [J]. British Journal of Psychology, 1992, 83 (2): 161 - 188.

[192] Yoon E, Guffey H J, Kijewski V. The effects of information and company reputation on intention to buy a business service [J]. Journal of Business Research, 1993, 27 (3): 215 - 228.